Mario Mantese

Im Garten deiner Seele
Briefe an Meister M

Mario Mantese

Im Garten deiner Seele

Briefe an Meister M

Edition Spuren

Herzlichen Dank an Marion Musenbichler,
ohne die dieses Buch nie zustande gekommen wäre.

Danke Urte Knefeli-Zemp für das Lektorat

Edition Spuren
Bahnhofsplatz 14, CH-8400 Winterthur
edition@spuren.ch www.spuren.ch

Lektorat: Urte Knefeli-Zemp
Buchgestaltung und Cover: Marion Musenbichler
Umschlagbild: © fotolia.com/Sergey Yarochkin
Fotos © Günther Ciupka, S. Mantese, Eva Werner, Marion Musenbichler

Illustrationen innen © fotolia.com: tatiana ti/natbasil/Aloksa/Kara-Kotsya/katyau/
noname/annaPa/antlia/Sayanny/oxygen64

Printed in Czech Republic
Druck und Bindung: Finidr
ISBN: 978-3-905752-42-7

Inhalt

Der Duft der reinen Liebe

Hingabe und Liebe erfüllen die Herzen der Menschen, unermessliche Dankbarkeit strahlt in die Welt. Tiefes Vertrauen festigt das Leben, ordnende Kräfte schaffen Gleichgewicht. Ruhelosigkeit wird besänftigt, Stille und Frieden kehren ein.

Die an das innere Licht gerichteten Briefe berühren den Leser, denn sie zeugen von einem Übermaß an reiner Liebe und einem unfassbaren Erstaunt- und Erschüttertsein in der Gegenwart des Meisters.

Zarte Worte fließen aus den Seelen der Schreibenden, sie bemühen sich, mit Worten etwas zu erklären, das vom Werden und Vergehen der Dinge ewig unangetastet ist. Beim Schreiben stellen sie fest, dass dies nicht möglich ist, und trotzdem versuchen sie es, intensiv und unermesslich liebevoll. Dabei ent-decken sie, dass dieses ungewöhnliche »Sprachlossein« ein Tor in eine unbekannte mystische Tiefe aufstößt.

In der Gesamtheit dieser wertvollen Texte erstrahlt die himmlische Kraft dieses Werkes. Die Verfasser der Briefe öffnen ihre Herzen und offenbaren auf eine wundersame Art und Weise ihre Seelentiefen. Ihre Liebe zum Meister und zu seinem Wirken ist wahrlich erschütternd und einzigartig.

***

Hunderte Briefe habe ich im Laufe der Jahre gelesen. Irgendwann habe ich einige auf die Seite gelegt, ich konnte und wollte sie nicht wegwerfen, sie waren zu liebevoll und zu persönlich. Vor einigen Monaten kam mir dann die Idee, diese Briefe in einer Art persönlichem Brief- und Foto-Buch zu veröffentlichen.

Der Briefstapel war groß, er zählte 454 Briefe. Schnell wurde mir klar, dass es unmöglich war, alle Briefe für dieses Projekt zu berücksichtigen. So fanden am Ende 196 ihren Weg in dieses Buch. Damit die Privatsphäre der Menschen, deren Texte in diesem Buch zu lesen sind, gewährleistet ist, wurden alle Briefe anonymisiert. Einige wurden gekürzt oder leicht abgeändert, ohne jedoch das Essenzielle des Inhalts und die Authentizität zu berühren.

Seit mehreren Jahren lese ich keine Briefe mehr, es wurden immer mehr, und die Briefflut war kaum noch zu bewältigen. Wer mich sehen und hören möchte, ist an meinen Zusammenkünften und Darshans herzlich willkommen!

In aller Bescheidenheit möchte ich hier noch festhalten, dass ich mich in keiner Art und Weise und zu keiner Zeit als jemand Besonderes oder Außergewöhnliches gesehen oder empfunden habe. Für die Menschen, die sich spirituell nach innen richten, »da zu sein«, ist für mich das Natürlichste und Normalste in der Welt.

Es ist mir ein tiefes Anliegen, all den Menschen, deren Briefe in diesem Buch zu lesen sind, für ihre liebevollen Worte und das Vertrauen, das sie mir entgegenbringen, herzlich zu danken. Jeder Brief ist wie eine leuchtende Perle und hat seine eigene Energie, und das ist wunderbar.

Eure Worte und tiefen Erfahrungen werden die Menschen erreichen und berühren, davon bin ich überzeugt. Danke dafür!

Wir sind Menschen, gleich welcher Herkunft, Kultur, Religion oder Hautfarbe. Unsere Stärke ist wahre Menschlichkeit, denn sie orientiert sich an den ewigen Werten unseres himmlischen Daseins.

Kehren wir aus der Ferne zurück und erfreuen uns an der Schönheit des Nahen. Lauschen wir dem stillen Fließen der heiligen Kraft, die allem Leben zugrunde liegt. Wer sich der überpersönlichen Liebe und Wahrheit verpflichtet, schafft frei von Eigensinn und Wollen wahres Gleichgewicht in der Welt.

Von Herz zu Herz
Meister M – Mario Mantese

Wer sich innerlich vom Vergänglichen ablöst,
sieht die Welt mit den Augen der Liebe. Sanft
schaut der Erwachte auf die Schöpfung und ist dessen,
was vor allen Erscheinungen existiert, gewahr.
Wer im Vorweltlichen gefestigt ist, ist in der Welt,
aber nicht mehr von dieser Welt.

Briefe
an Meister M
2002 - 09

19. Mai 2002

Im Mai war ich das erste Mal an einer Zusammenkunft mit Meister M in Zürich. Es hat sich alles auf eine sehr eindrucksvolle Weise bestätigt, was ich vorher gespürt habe, beginnend mit der ersten Zeile, die ich im Büchlein *Die Welt bist Du* gelesen habe. Ich habe Meister M wie ein großes Herz, das mit orange und gelben Flammen umgeben ist, wahrgenommen. Als ich in Zürich die Halle betrat und die orange und gelben Rosen sah, wusste ich, dass ich richtig war. Als ich Ihn zum ersten Mal sah, kam eine starke, leuchtende Kraftwelle auf mich zu, und diese Kraft erhöhte sich im Laufe des Tages deutlich.

Seit diesem Tag bin ich ruhiger, wärmer und erfüllter als je zuvor in meinem Leben. In die Augen von Meister M zu schauen, war wie ein endloses Fallen, von dem ich hoffte, dass es nie mehr aufhören würde. Es war ein Fallen in eine grenzenlose Fülle und Stille.

Zum ersten Mal in meinem Leben gab es ein uneingeschränktes »JA«, ohne Wenn und Aber.

Ich wusste, mein Herz ist bei Ihm zu Hause.

25. Mai 2002

Unser privates Treffen der inneren Kreise war sehr intensiv. Nun ist bereits zum zweiten Mal ein ungewöhnliches Phänomen aufgetaucht, und zwar fängt es im Raum sehr intensiv an zu duften, nach Rosen und irgendeinem ätherischen Öl, und das, obwohl weder ein Räucherstäbchen noch eine Duftkerze brannte.

Beim letzten Treffen haben wir uns beschnuppert, um herauszufinden, ob der Duft von einer Person käme. Das war nicht der Fall und niemand hat so ein Parfum.

Diesmal hat das Treffen bei mir stattgefunden und wieder umwehte uns fast derselbe Duft, vor allem in der ersten Stunde. Es war so eindrücklich, dass ich es euch berichten wollte.

6. Juni 2002

Es ist kaum zu glauben, wie reich beschenkt unser Leben ist! Der Darshan war so ein Lichtbad, die Güte Deiner Kraft ist wirklich grenzenlos und überwältigend. Nach unserem Spaziergang im Englischen Garten habe ich es sehr genossen, am Montagabend nochmals für zwei Stunden in diese Lichtkraft einzutauchen.

Der Dienstag dann war sehr besonders, ich hab noch so vibriert, dass es auch meine Kollegen zu Hause ein wenig erfasst hat.

9. Juni 2002

Vor ein paar Monaten habe ich Dein Buch gelesen. Danach hatte ich einen Traum, in dem Du intensiv mit mir gesprochen hast. Ich war tief berührt und spürte einen inneren Impuls, einfach nach München zu kommen und mit Dir zu sein.

Die ersten Tage nach der Zusammenkunft haben so starke Gefühle in mir hervorgebracht, es hat mich richtig geschüttelt, so als ob eine tiefe Reinigung in mir stattfindet und etwas Verborgenes hochgespült wird. Gleichzeitig ist dieses ein tiefes, stilles Einverstandensein und ein inneres Vertrauen, dass alles gut ist. Ich spüre so einen feinen inneren Kontakt zu Dir, irgendwie unpersönlich und doch persönlich.

17. Juni 2002

Immer wieder ist dieses Staunen da über Deine liebende Präsenz in mir. Was in mir bleibt, ist die Hinwendung zu dieser liebenden Präsenz. Ich lausche diesem leisen Ton, glühend und still fühle ich mich verbunden. Ich nehme es an. Ich weiß nicht, was geschieht, doch es gilt immer wieder, still in diesem Nicht-Wissen zu sein. Es ist eine tiefe

Zufriedenheit da. Zum dritten Mal lese ich *Licht einer großen Seele*, zum dritten Mal neu! Als ob sich jedes Mal mehr eröffnet, jedes Mal eine tiefere Übermittlung des inneren Wissens geschieht.

1. Juli 2002

Ich fühle große Freude und ein tiefes Verlangen, mich Dir mitzuteilen. Es vergeht keine Stunde, keine Minute, in der Du nicht in mir präsent bist. Ich lebe mit Dir, was oder wer auch immer Du bist. Seit ich Dich in München erlebt habe, ist eine große Klarheit da. Du bist die Wesenheit, zu der mich ein innerer intensiver Sog hinzieht. Es begann letztes Jahr im Herbst, als ich von Deinem Buch *Im Land der Stille* ins Herz getroffen und berührt worden bin. Jede Begegnung mit Dir brennt in meinem Innern, schürt das Feuer, lässt es hell lodern. Prozesse kommen in Gang, Dinge zeigen sich, vieles löst sich, vieles klärt sich, mein Leben erfährt eine 180-Grad-Wendung.

Einen Tag vor der letzten Zusammenkunft in München zeigte es sich mir endgültig, dass Du mein Meister, mein Wegweiser, die reine Liebe bist. Es fühlt sich klar, leicht und freudvoll an – und so einfach. Seit München erlebe ich immer wieder wirkliche Freude. Vorher war immer viel Schwere da, verursacht durch viele Konzepte, durch eigenverursachte, hausgemachte Missverständnisse, insbesondere auch über das spirituelle Leben.

Durch Dich werden das alte Denken, die alten Geschichten wie in einem Vulkan hochgespuckt. Tage nach dem Darshan arbeitet es in mir wie im Schleudergang einer Waschmaschine, und immer wieder hörte es plötzlich auf. Stille und das Erkennen: Es sind einfach nur Gedanken, nur Glaubenssätze, die diese Wirbel verursacht hatten.

Ich bin bereit, bereit für das Licht, bereit, das Alte im Inneren sterben zu lassen, bereit zu überwinden, was im Wege steht. Ja zur Liebe, Ja zur Unendlichkeit, das höre ich von Dir und bin glücklich, Dich gefunden zu haben.

10. Juli 2002

Danke, Meister M, für die Lichtquelle, die sich in meinem Herzen geöffnet hat. Durch diese Quelle bin ich durch Deine Gnade täglich an der Arbeit des Erkennens und Annehmens. Habe ich etwas erkannt, fällt es nach einer gewissen Zeit weg, als wäre es nie dagewesen. Habe ich einmal einen schwarzen Tag, so hilft mir Dein Foto und holt mich zurück ins Licht. Unerklärbar, ich kann nur in tiefer Demut Dir, dem universellen Licht, danken.

Es ist ein Wunder, wie im normalen Alltag alles harmonisch geschehen kann.

Ich danke Dir für den Aufbruch und den Umbruch, den Du in meinem Leben verursachst. Wie Du diesen Eisklotz in mir behutsam zum Schmelzen bringst. Unfassbar!

12. August 2000

Ich bin seit über einem Jahr Schülerin eines deutschen spirituellen Lehrers und die Gedanken des Advaita bewegen mich tief. Doch die Gedankengerüste, die ich mir über Jahre »zurechtgezimmert« hatte, finden keinen Halt mehr. Auch das bisherige Wertesystem kann ich nicht mehr aufrechterhalten.

In dieser Phase meines Lebens lese ich Ihre Bücher, beginnend mit dem *Im Land der Stille*. Dieses Buch hat mich sehr direkt auf einer Herzensebene angesprochen, mein Verstand brauchte sich nicht anzustrengen, um zu verstehen. Der Inhalt jeder Seite dieses Buches drang tief in mich ein, ich habe das in dieser Art noch nie erlebt. Alles wurde aufgenommen. Seitdem spüre ich diese Intensität in mir, diese Urerinnerung, diese Urkraft, die uns bewegt, unermüdlich das Unbegrenzte zu suchen.

Ich hoffe, baldmöglichst an einer Ihrer Zusammenkünfte teilnehmen zu dürfen.

4. September 2002

Mein Herz vibriert und summt die ganze Zeit, Deine unermessliche Liebe ist da, welch ein Glück! Am Intensiv: Jedes Wort scheint bis in die Zellen vorzudringen. Es tritt ein Zustand lichterfüllter Trunkenheit ein, doch in voller wacher Präsenz. Auch ohne dass es mir möglich ist, mich inhaltlich an Deine Worte zu erinnern, ist alles in Fülle da, was durch Deine Wortkraft gegeben wurde. Es leuchtet in mir.

6. September 2002

Gestern habe ich eine enorme Kraft in mir wahrgenommen, eine große Angst schoss in mir hoch. Es war, als ob sich in mir ein Drache befunden hätte. Ich wünschte mir nichts anderes, als dass da jemand bei mir stehen würde, der dies aushalten könnte. Jemand, der nicht vor solch einer tobenden und rasenden Kraft davonläuft. Es war ein gutes Gefühl, mit diesem Gedanken zu sein. Was aber kaum auszuhalten war, war meine Sehnsucht.

Ich habe Dein Bild angeschaut, ich sah in Deine Augen und mir begegnete eine enorme Kraft, ein heiliges Feuer. Ich habe eine unwahrscheinliche Sehnsucht gespürt, von Dir in die Arme genommen zu werden. Von Dir gehalten und nie mehr losgelassen zu werden, auch dann nicht, wenn ich schreie und tobe und selber nicht mehr weiß, wo ich bin und was mit mir geschieht. Ich wünschte mir, dass jemand da ist, der diese Kraft lenkt und ihr Form und Richtung gibt.

In Deinen Augen kam mir so viel Liebe, so viel Kraft, so viel Akzeptanz und Güte entgegen, dass ich mit dem Weinen nicht mehr aufhören konnte. Ich wusste nicht so recht, wieso ich so weinen musste, und auch jetzt, wo ich Dir das schreibe, ist es so.

Als ich letzten Sonntag im Kongresshaus in Zürich war, hatten sich sogleich eine Stille, eine Ruhe und ein Frieden in mir eingestellt. Ich habe so viel Liebe gespürt. Ich mag es, wie Du sprichst, ich mag die Einfachheit und die Kraft in Deinen Worten.

8. September 2002

Geliebtes Licht, das Intensiv wirkt glühend in mir fort. Da ist nirgends ein Ende und auch kein Suchen mehr. Ich folge dem tiefen inneren Ruf, der mich zu Dir führt.

Die Zusammenkünfte sind Perlen der Liebe, immer und immer wieder. Es gibt nichts, was durch die Zusammenkünfte »gewusst« werden könnte, und doch ist es eine sich immer mehr vertiefende Reise in ein unbekanntes Land. Es ist eine Gnade, allmählich damit aufzuhören, verstehen zu wollen! Danke, Meister M, dem unendlichen Licht, das Du bist.

21. September 2002

Ich fühle eine tiefe innere Verzweiflung, die mich verstummen lässt. Gleichzeitig habe ich tiefes Vertrauen zu Dir, innerlich taut etwas. Ich wehre mich nicht, ich verfolge, wie es taut und Dir folgt, Dir, der Du meine Stimme bist, Dir, der Du mein Herz bist.

Du hattest auf meinen Brief geantwortet und ich möchte Dir darauf Folgendes antworten: Du schreibst: »Mein Herz bringt deine Weiblichkeit zum Klingen.« Ja, es ist so, es ist ein Segen. Nichts von dem, was Du mir gesagt hast, hat mich verletzt. Ich trinke Dich, Du bist heilige Nahrung. Eine alte, tiefe Verletzung heilt. Ich habe mich, bevor ich Dir begegnet bin, auf der Seite des Mangels bewegt. Im Moment der Erfüllung bei meiner ersten Begegnung mit Dir am Darshan wurde das sichtbar und spürbar. Diese Erfüllung wirkt. Deine Einladung in Dein Herz ist so, als sagtest Du »Komm, komm, fürchte Dich nicht!« Und ja, ja, ich komme, ohne ein konkretes Ziel, ich folge der Einladung.

Was ich jedoch auch bemerke, ist ein unglaubliches Zögern, so, als würde ich Deine allumfassende Liebe gar nicht fassen können. Doch ich bin mit Dir in Kontakt und ich spüre, alles wird gut! Danke für alles, es ist einfach wunderbar!

24. Oktober 2002

Etwas in mir sucht einen stillen Raum, in dem es in Frieden wachsen und sein kann, aber auch in Frieden sterben kann.

An meinem Arbeitsplatz ist es immer sehr geschäftig. Immer wieder Konfrontation mit dem, was man den eigenen Schatten nennt. Meine Seele weint, seit ich Dich kenne, fast ohne Unterlass. Ich könnte auch sagen, dass ein sanftes Feuer in mir brennt, das im Moment kein Schüren braucht. Etwas schmilzt dahin. In Momenten großer Verzweiflung gibt es eine sehr tiefe Sehnsucht, mich in Deine Hände zu begeben. Wenn die Verzweiflung vorüber ist, dann ist es wieder still. Und doch bleibt ein starkes Gefühl, dass in mir etwas ernährt werden will, was hier im Alltag sehr oft gestört wird durch zu viel Aufmerksamkeit für die Neurosen und die inneren Schatten.

Ich möchte einfach mit Dir sein, so wie ich es schon bin. Ich möchte mich Dir ganz anvertrauen, so wie es schon geschieht. Zu Dir kann ich sprechen, Dich kann ich bitten, Du hörst mich, Du bist mein Herz. Du hast mich tief berührt. Meine Seele will einfach zu Dir, das ist alles. Es gibt keine Hast, nur eine Dringlichkeit. In Liebe und Dankbarkeit für diese wundervolle Möglichkeit, mich Dir mitteilen zu dürfen!

26. Oktober 2002

Ich erlaube mir, Ihnen ein paar Zeilen zu schreiben. Ich finde es einfach super, dass es Sie gibt, und das hier in der Schweiz.

Ich habe vor ein paar Tagen in der letzten Ausgabe der Zeitschrift *Spuren* von Ihrer Existenz erfahren. Ich bin nun hoch erfreut, dass man nicht mehr nach Indien oder Amerika reisen muss. Ich habe alle Bücher von Sai Baba, Yogananda, Babaji usw. gelesen. Seit zweiundzwanzig Jahren bin ich auf dem »Weg«. Leider hatte ich noch nie eine Gelegenheit, einem wahren Meister persönlich zu begegnen. Ich habe praktisch das ganze Wissen aus Büchern und Seminaren. Schon lange habe ich eingesehen, dass das ganze Wissen und alles Drum und Dran eine riesige Illusion ist.

Zurzeit lese ich Ihr Buch *Licht einer großen Seele* und habe weitere Ihrer Bücher bestellt. Ich werde sie bis zum Mai gelesen haben. So hoffe ich sehr, dass ich die Möglichkeit haben werde, im Mai in Zürich an Ihrer Zusammenkunft dabei zu sein.

18. November 2002

Ich sitze im Zug von München nach Innsbruck, Tränen rinnen mir zeitweise über meine Wangen. Was ist mit mir geschehen? Nun, ich war gestern bei Ihnen in München. Die Liebe, die in Ihrer einfachen, schlichten und natürlichen Art zum Ausdruck kommt, hat mich umarmt und ist in mich eingedrungen. Ihr Wesen hat sich als Vermittler dessen angeboten, dem mein ganzes Bestreben seit Jahrzehnten gilt.

Ja, lieber Meister M, das durch Sie Wirkende ist tief in mich eingefahren. Ich habe Ihren Worten gelauscht und obwohl ich Sie akustisch nicht immer verstanden habe, haben Sie mein Nichtverstehen immer gleich energetisch ergänzt und vertieft.

Im Warteraum des Bahnhofs habe ich sogleich begonnen, ein Buch von Ihnen zu lesen, und spürte in mir ganz tief die Begegnung mit Ihnen. Mein Herz brannte und brennt noch in diesem heiligen Feuer, das Sie sind. Es ist die Liebe, die durch die Begegnung mit Ihnen mein Wesen so tief ergriffen hat. Bei keinem anderen Lehrer ist dies geschehen. Jetzt, in diesem Augenblick, weiß ich ganz tief in mir drinnen, Sie sind mein letzter Lehrer, und ich bin bereit, alles zu geben, um dieser unermesslichen Liebe zu Gott und mir selbst nähertreten zu dürfen.

Mir ist bewusst, dass dies ein starker Satz ist! Vieles ist schon in mir gestorben, vieles hat sich aufgelöst, aber es gibt noch starke Strukturen in mir, die die totale Befreiung verhindern möchten. Ich spüre ganz tief in mir, dass nur Sie in der Lage sind, dies zu bewerkstelligen, ich habe absolutes Vertrauen zu Ihnen.

Mir ist voll und ganz bewusst, dass ich am Boden stehe, aber ich habe den Kopf nur zeitweise im Himmel. Während langer Zeitperioden gehe ich gesenkten Hauptes und mit fehlendem Vertrauen zu meiner wahren Natur und zu Gott durch die Welt. Ich liebe das Allerhöchste und das Allertiefste, ich liebe die Liebe und das Leben und bin unendlich dankbar, Ihnen begegnet zu sein.

20. November 2002

Da hat sie nun stattgefunden, die erste Begegnung von Angesicht zu Angesicht. Schon Tage zuvor bahnte sie sich innerlich an. Ein unendlicher Raum hat sich geöffnet und wurde in einer selten gekannten Bodenlosigkeit erfahrbar. Keine Bodenlosigkeit, die Angst macht, sondern eine Bodenlosigkeit, in der ein völliges Aufgehobensein und tiefe Liebe erlebbar ist. Von innen quoll Nektar, und jede Zelle hat getrunken und sich vollgesogen.

Danke, lieber Meister, dass Du Dich uns so zur Verfügung stellst.

22. November 2002

Nach der letzten Zusammenkunft in Zürich bin ich erfüllt und in tiefer Dankbarkeit heimgekehrt. Ich bin sehr glücklich, Dir persönlich begegnet zu sein. Ich möchte Dir eine kleine Geschichte erzählen:

Vor gut zwanzig Jahren weilte ich mehrmals in Indien, ich verbrachte jeweils mehrere Monate in einem Yoga-Ashram und wollte gar nicht mehr nach Europa zurückkehren. Ich wollte in den Himalaya zu den Meistern und dort bleiben. Ich besprach meinen Wunsch mit meinem Yoga-Lehrer. Er sagte, ich könne so oft nach Indien kommen, wie ich das möchte, doch mein Platz sei in der Schweiz. Ich wandte ein, dass es aber in der Schweiz keine Meister gebe. Er lächelte sanft und sagte nur: »Wenn es Zeit ist, wirst du einen Meister in der Schweiz finden.« Er war ein wunderbarer Mensch, und ich vertraute ihm, auch wenn ich noch Zweifel hatte, in der Schweiz jemals einen wirklichen Meister zu finden. Die Zeit in Indien bewirkte bei mir viel Gutes und viele Veränderungen in meinem Leben. Nun gut: Ich bin in der Zwischenzeit vielen interessanten und guten Menschen begegnet, aber keinem Meister.

Im Frühjahr 2002 hatte ich das Glück, eine Reise mit einem Kamel durch die Wüste im südlichen Marokko machen zu können. Es war sehr beeindruckend. Die Weite, die Leere, die Stille, ohne Ablenkung, inmitten der kargen Schönheit der Wüste. Ich fühlte mich als winziges Sandkorn und gleichzeitig eins mit dem gesamten Universum. Ich war wunschlos glücklich unter einem unglaublich schönen Sternenhimmel. Ein sehr tiefes Erlebnis – und mein Suchen hatte plötzlich aufgehört.

Und dann, im Mai dieses Jahres, erzählte mir eine Freundin, sie hätte das Buch *Licht einer großen Seele* gekauft, aber noch keine Zeit gehabt, es zu lesen. Ich wollte dieses Buch unbedingt lesen, und sie lieh es mir aus. Ich las es in einem Zug durch, und tags darauf kaufte ich die übrigen Bücher. Das Buch *Im Land der Stille* berührte mich tief, und bereits beim Lesen spürte ich, wie sich eine starke innere Beziehung entwickelte und die Gewissheit, hier endlich einem wahren Meister zu begegnen. Es hat also mehr als zwanzig Jahre gedauert, doch nun bin ich endlich angekommen.

22. November 2002

Zuerst warst Du ein Mysterium, dem ich zum Glück begegnet bin. Dann wurdest Du zu einem vertrauten Freund. Dann wurdest Du zur großen Herausforderung. Dann kamst Du als Retter und gabst mir am tiefsten Punkt in meinem Leben die Hand zum Aufstieg. Dann warst Du im Dunkeln die begleitende Hoffnung, die meine Schmerzen tilgte.

Dann wurdest Du zu Dem, welchem ich endlos Danke sage. Dann sah ich mit tiefer Demut Dein grenzenloses Tun.

Ich erschrak ob Deiner unfassbaren Fähigkeiten, von denen die Menschen sprechen, und entdeckte, wie stark dieser heilige Lichtstrahl, der Du bist, mein eigenes Leben erhellte. Wenn ich Dich sehe, bist Du Erlösung, Inspiration, der Weg, den ich mir als tiefsten Herzenswunsch schon so lange herbeisehnte. Wenn ich an Dich denke, bist Du Klarheit. Nun erfreue ich mich daran, zu erkennen, dass Du mein Meister bist. Welches Aufatmen, welche Erlösung! Einem wahren Meister begegne ich, und er ist wirklich da. Mit unendlicher Dankbarkeit vertraue ich dem Leben. Ich sehe das Licht, und es blendet nicht mehr.

Aufgelöst haben sich die Höhlen und Winkel, in denen ich mich im Dunkel verstecken konnte, Du bist zur alles umarmenden Mutter geworden.

Laotse spricht mir aus dem Herzen: »Wer einmal seine Mutter fand, der hat sich selbst als Kind erkannt.«

Beim Suchen so weit und lange gereist, rastlos und arm an Vertrauen. Nun bin ich gelandet und spüre endlich die tragende Erde unter meinen wandernden Füßen. Es gibt mich jetzt in der Realität, und ich genieße nun die unendlich fantastische Schönheit, ein weibliches Wesen zu sein. Wie Du prophezeit hast: eine neue Art Frau. Danke, dass Du da bist.

27. November 2002

Meinen herzlichen Dank möchte ich Dir aussprechen, für alles, was ich in Deinen Zusammenkünften mitbekomme. Ich bin auf eine ungewöhnliche Art und Weise zu Dir gekommen. Beim ersten Mal verstand ich nicht sehr viel, weil ich hörbehindert bin und alles mit dem Kopf verstehen wollte, nun geht es schon viel besser. Langsam lerne ich, dass es auch eine andere Art des Verstehens gibt, dafür bin ich sehr dankbar, war ich bis jetzt doch vorwiegend ein eher kritischer Kopfmensch.

29. November 2002

Seit einer Woche bin ich mit Deinen Worten und bin so unsagbar fassungslos, dass ich kaum auszudrücken vermag, was in mir geschieht. Was ich wahrnehme, ist eine stille Schülerin, die bereit ist, zu lauschen und sich einfach schmelzen zu lassen, ohne irgendein Dazutun. Doch es gibt ein subtiles inneres Zurückschrecken vor dem Großen, vor Deiner Liebe. Kann ich es wagen, diese Liebe wirklich voll zu nehmen? Diese Frage taucht auf. Die Welt der Gedanken ist voll quälender Zweifel.

Verrate ich meinen jetzigen Lehrer, wenn ich mich Dir, Meister M, zuwende? Es ist so befremdend, diese Fragen überhaupt zu stellen im Angesicht der Liebe, die Du bist, und doch möchte ich sie mir stellen! Alles scheint sich zunächst in einen unendlichen Strom von Sehnsucht zu ergießen.

Wenn ich einfach nur fühle, Dich fühle, dann weine ich vor Rührung. Die Tränen tun gut. Ich danke Dir so sehr.

20. Dezember 2002

Seit einigen Tagen ringe ich nach Worten. Ich bin überwältigt und tief berührt von Deiner heilenden Arbeit mit meinem Sohn und mir. Der Kontakt mit Dir hat mir sehr gutgetan, die spürbare Verbundenheit ist ein großer Segen für uns. Ich bin sehr glücklich, dass wir die letzten Wochen mit Deiner Hilfe gut überstanden haben und dass es meinem Sohn heute so gut geht.

Vielen Dank für Deine wundervolle Arbeit, für Deine Zeit, die Du Dir für uns genommen hast, für Deinen Segen, den wir empfangen durften.

Japanischer Garten, San Francisco – Meister M mit seiner Ehefrau

Probleme sind dazu da, dass man sie von ihrem
schattenhaften Dasein erlöst und ihrer Unwirklichkeit
gewahr wird. Sie erschaffen nichts als Denkschmerzen
und Schwierigkeiten und verdunkeln den Geist. Deshalb
wäre es ratsam, herauszufinden, was man war,
bevor man als ein Etwas in der Welt erschienen ist.

Meister M bei einem Spaziergang in seiner geliebten Natur

In dieser Welt zu leben, ohne sich innerlich irgendwo aufzuhalten, nennt man Erwachen.

5. Januar 2003

Ich las ein Interview mit Ihnen in der Zeitschrift *Spuren*. Einem wahren Meister zu begegnen war seit Langem mein innigster Wunsch. Dann habe ich erst mal das Heft *Spuren* abonniert, um so das Interview nochmals lesen zu können und somit die Adresse zu erhalten, wo man sich für die Zusammenkünfte anmelden kann.

In der Zwischenzeit war ich in den Ferien. Ich wollte genügend Literatur mitnehmen und ging in eine große Bibliothek in Basel. Ich sagte der geistigen Welt, sie möge mir zeigen, welche Bücher ich noch mitnehmen soll. Mit ausgestrecktem Mittelfinger ging ich durch die Regale und bei zwei Büchern vibrierte mein Finger. Eines davon war Ihr Buch *Im Land der Stille*. Erst als ich das Buch fertiggelesen hatte, merkte ich, dass es ja von diesem Schweizer Meister geschrieben worden war, zu dessen Zusammenkunft ich wollte. Wieder zu Hause meldete ich mich gleich an und später auch noch meine Tochter. So kamen wir beide im November nach Zürich.

Beim ersten Mal, als wir während der Zusammenkunft in die Stille gingen, nahm ich ein Licht vor mir wahr, das mit mir verschmolz. Es war wunderbar, und ich bin sehr dankbar dafür, Sie getroffen zu haben. Ich merke, dass ich oft noch eine Gefangene und Blockierte bin. Der Gedanke »Ich bin dumm« geistert manchmal zu stark in meinem Gehirn herum. Und weil ich in Ihrem Buch *Licht einer großen Seele* las: »Falls deine Software im Gehirn auch nicht mehr richtig funktionieren sollte, ruf mich auch an!« – so dachte ich, ich schreibe Ihnen wenigstens. Das große Problem ist, dass ich sehr schnell alles wieder vergesse. Wenn ich nicht aufschreibe, was die Leute zu mir sagen, ist ein großer Teil wieder vergessen. Ein Kollege in der Ausbildung sagte einmal zu mir: »Du liest sehr viel, aber wie ist es mit dem Behalten?«

Ja, lieber Meister M, meine Software im Gehirn funktioniert nicht so, wie ich es mir wünsche. Ich bin manchmal wirklich ganz unten, aber ich frage mich auch, wer in mir solche Gedanken hat. Dann spüre ich einfach eine Leere. Ich bitte oft darum, dass der Schleier vor meinen Augen weggezogen wird oder der Balken vor den Augen weggeht, dass endlich der Durchbruch kommt und ich erkenne, wer ich wirklich bin. Ich schaffe es nicht alleine, bis jetzt jedenfalls nicht.

Ich kann nur herzlichst danken für all das, was Sie für uns alle tun. Und noch etwas: Bevor ich Sie zum ersten Mal gesehen habe, habe ich Ihr Bild im Internet gesehen. Es wurde sofort warm um mein Herz, und ich wusste sofort, ich bin Ihnen schon begegnet. Sie waren mir vertraut. Auch jetzt spüre ich ab und zu Ihre Gegenwart. Was immer auch kommen mag, ich bin bereit.

15. Mai 2003

Du trägst den Ring
der weißen Bruderschaft
mit einem Auftrag aus dem Licht.
– Ephides –

Als ich mein drittes Buch von Ihnen gelesen habe, *Licht einer großen Seele*, entstand bei mir der Wunsch, eine Zusammenkunft zu besuchen. Von da an erschien vor meinem geistigen Auge stets Ihr Bild, wenn meine Gedanken in diese Richtung gingen. Eine unbestimmte Sehnsucht nach Liebe und Geborgenheit erfüllte mich schon von Jugend an. Jetzt zieht mich die Sehnsucht nach dem heiligen Licht immer weiter und wird immer größer. Mein Aufenthalt hier auf der Erde ist begrenzt und absehbar, und ich möchte noch so gerne meine Aufgaben hier auf Erden erkennen. Doch was sind meine Aufgaben?

Ich fühle mich so kraftlos, wie vor einer Mauer, und komme nicht weiter. Ich bin innerlich sehr unruhig. Vielleicht ist es im göttlichen Plan vorhergesehen, dass mir durch Sie Hilfe zuteilwird! Ich danke Ihnen sehr, dass Sie diese große Aufgabe für die Menschheit übernommen haben, und verneige mich vor Ihnen.

Ich wünsche mir, dass der göttliche Strom, der von Ihnen ausgeht, auch mich berührt.

22. Mai 2003

Bitte hilf mir zu erwachen und begleite mich sicher durch die Dunkelheit. Ich spüre tief in mir immer wieder große Wut und bleibe immer wieder darin verfangen. Bitte hilf mir durch diese Wut und führe mich sicher durch die Dunkelheit ins Licht. In Deiner Gegenwart geschieht dies, das weiß ich. Ich renne nicht mehr fort und stelle mich der Dunkelheit. Ich danke der Kraft, die mich zu Dir geführt hat! Für diese unendliche Chance und Gnade danke ich!

30. Mai 2003

Ich spüre, dass der Kontakt mit Dir mir sehr viel bedeutet und mich stark begleitet. Du bist immer da, und die Hinweise an mich in den letzten Monaten sind sehr präsent und tun ihre Wirkung. Ich fühle mich mutiger und direkter, immer näher dran am Ausdruck meiner Gefühle.

Der Darshan am Samstag hat mich regelrecht »getroffen«. Es war, als ob alle Zellen tanzten. Ich hatte dann abends ziemlich hohes Fieber, doch das Herz war in tiefem Frieden. Ich empfinde durch den Kontakt mit Dir eine sich unendlich vertiefende Liebe zu mir selbst und zu allen anderen Menschen. Und doch taucht zugleich auch existenzielle Angst auf, eine noch nie in der Form gefühlte Angst, zu sterben. Es ist, als ob ich zunächst noch einmal richtig in den Körper hineingeboren werden müsste, um ihn bereitwillig anzunehmen. Es fühlt sich an, als wäre ich über diese Körperebene ignorant hinweggegangen, um nicht vollständig zu fühlen und zu sein.

Wieder zurück zu Hause fühle ich mich wiederum an einem Abgrund. Aber es ist kein Kampf mehr dagegen, vielmehr ein tiefes Vertrauen, dass das Leben mich und uns alle führt.

Trotzdem habe ich Angst, manchmal breche ich schier zusammen unter der Verantwortung und der Vielzahl der im Alltag zu erledigenden

Aufgaben. Irgendetwas in mir verlangt nach Heilung. Ich fühle mich manchmal wie reiner Instinkt, in dem Aufspüren dessen, was noch nicht am tiefsten Punkt angelangt ist.

Ich danke Dir so sehr, dass ich Dir schreiben darf, denn allein dieses Schreiben an Dich ist eine Berührung mit Deiner Liebe!

2. Juni 2003

Seit ich vor zwei Monaten Dein Buch *Im Land der Stille* gelesen habe, geschieht in mir eine unbeschreibliche und gewaltige Öffnung von Liebeskraft und Wahrhaftigkeit. Ich bin seit knapp zwei Jahren Schülerin eines spirituellen Lehrers und in dessen Mysterien-Schule. Habe nach dem ersten Augenkontakt mit ihm ein tiefes Erwachen erfahren. Seitdem folgt ein Erdbeben dem anderen, und mein gesamter Organismus wird ununterbrochen umstrukturiert. Doch als ich den Artikel über den kosmischen Meister M im *advaita-Journal* las, spürte ich ein Eintauchen in eine Dimension, die ich mir fast schon verbieten wollte und die ich magisch erlebe. Es ist dieses unbegreifliche Sein und Wissen um die Geheimnisse der Materie und Naturreiche. Dieses elementare Erleben, dass alles Leben in verschieden schwingenden Frequenzen in einem multidimensionalen Wunder verwoben ist. Ein tiefes Aufatmen geschieht seitdem in mir.

Seit ich Dir in München persönlich begegnete, ist da ein unumstößliches Erleben von »Ich bin richtig, vollkommen göttlich und einzigartig in meinem So-Sein«. Das Unpersönliche erscheint persönlich in Form. Noch nie konnte ich das so klar sehen. Auch wenn ich Dir jetzt schreibe, ist das so entspannt, so absolut anstrengungslos! Ich bin einfach glücklich, so voller Freude und Dankbarkeit, Dir begegnet zu sein.

Durch Dich sehe ich das Wunder und die Schönheit in mir. Alles brennt in den Flammen der Liebe. In Hingabe an diese Totalität umarme ich Dich.

9. Juni 2003

Heute ist Montag, ich bin in der Firma, und eigentlich müsste ich jetzt arbeiten, aber ich fühle mich so glücklich und überschwänglich, dass mir jetzt ein paar Dankeszeilen an Dich wichtiger sind. Unglaublich, ich spüre heute den Firmenmief überhaupt nicht. Selbst die freudlose Stimmung der meisten meiner Kollegen kann meinem Hochgefühl rein gar nichts anhaben. Großartig! Bisher ist es mir nie gelungen, hier eine so positive Stimmung zu bewahren. Obwohl ich es gerne möchte, schaffe ich es kaum, diesen Menschen so respekt- und liebevoll zu begegnen, dass ich unbeeinflusst von ihrer Last bleibe. Das ist für mich das Wunderbare an Deinen Zusammenkünften, zu sehen, wie Du allen Menschen gleichermaßen freud- und liebevoll gegenübertrittst. Es erscheint so einfach, und doch: Wo erlebt man dies sonst?

Ich will keinen Augenblick dieses Glücksgefühls verschlafen, heute atmet es sich so leicht, einfach wunderbar, ach, bin ich heute glücklich! Immerzu tönt »Gloria, Gloria« in meinen Ohren. Ja, nicht nur gestern an der Zusammenkunft war ein guter Tag, heute ist auch einer! Ich bin wieder so reich von Dir beschenkt worden und kann gar nicht glauben, dass ich es nicht verdienen muss.

Ich bin sehr, sehr glücklich, dass Du mich gefunden hast!

15. Juni 2003

Gestern erhielt ich die Einladung für das Intensiv in Zürich und was ich da las, entflammte sofort bedingungslose Liebe in mir und ein Gefühl, gesegnet zu sein. Heute erhielt ich einen Brief von meinem bisherigen spirituellen Lehrer mit dem Hinweis »Ich hätte nicht realisiert, was Wahrhaftigkeit ist«. Beim Lesen seiner Worte verdunkelte sich mein Herz, und ich finde mich in Hoffnungslosigkeit und Verzweiflung wieder. Seit ich Dir, Meister M, begegnet bin, ist etwas geschehen, was mich klarer sehen lässt, was reine Liebe wirklich ist. Dennoch finde ich mich immer wieder in der Situation (vor allem mit diesem Lehrer), dass ich mich abgrundtief falsch und von der Liebe getrennt fühle. Es ist, als ob zwei gegensätzliche Energien auf den gleichen Kern einwirken. Der Lehrer zeigt auf das Falsche in mir, Meister M nährt das, was wahr und richtig ist in mir.

Seit der Zusammenkunft in München mit Dir, war ich mit dem Sowohl-als-Auch konfrontiert und sprach darüber auch mit meinem Lehrer. Jetzt bin ich an einem Punkt der Zerrissenheit angelangt und bitte Dich um Rat. Mein Herz ruft nach der Einfachheit und der Liebe im Sein mit Dir.

In Demut und Liebe danke ich Dir.

26. Juni 2003

Ich habe Deine letzte Zusammenkunft in Germering besucht und fühlte mich danach wie verwandelt. Es ist so, wie Du sagst: »Alles ist Liebe, und diese Licbc ist da. Sie ist das, was ich bin.«

Die Tage darauf waren so anders, als würden Raum und Zeit ihren Einfluss verlieren. Die Welt gab es nicht mehr, oder sie war so verwandelt, dass sie nichts mit meiner alten Welt zu tun hatte. Bei einem Spaziergang begegnete ich einem Reh, aber es lief nicht weg und schaute mich mit seinen großen Augen an. Dieses Gefühl der Identität mit Allem-was-Ist war so groß, dass ich mich selbst nicht als anwesend empfand. Und doch war das kein Gefühl der Nicht-Existenz, es war jenseits von Sein und Nicht-Sein. Dieses positive Gefühl hielt noch eine Zeit lang an, danach kam eine Zeit, in der ich mich sehr allein fühlte.

Ich habe ja immer wieder die Erfahrung gemacht, dass die Wirklichkeit mich sucht und nicht umgekehrt. Kann ich überhaupt meine spirituelle Entwicklung, und damit meine ich nicht die spirituelle Ich-Entwicklung, sondern die Erlösung, das Freisein vom Ich, beeinflussen? Ich sehne mich nach Dem, wovon ich eine Ahnung habe.

29. Juni 2003

Das Leben ist intensiv. Die Zusammenkünfte in Zürich und München waren so eindrücklich. Ich bin Tag für Tag davon fasziniert, dass ich in dieser spirituellen Arbeit sein darf.

In Zürich am Darshan erlebte ich eine unheimliche Lektion, die wie ein Blitz ins Herz eingeschlagen hat. Der Weg, den Du offenbarst, ist wirklich steil, aber erlösend und überwältigend in seiner Schönheit.

In München waren der Darshan und der Sonntag für mich ein einziger Tanz. Ich staune, wie Du uns Menschen führst und leitest, mit solch einer unfassbaren Kraft und Geduld. Danke, dass Du da bist.

30. Juni 2003

Ich möchte Dir mitteilen, wie dankbar ich bin, dass ich Dir begegnen durfte und dass ich unsere spirituelle Arbeit immer tiefer als ein erlösendes Perlennetz wahrnehme. Wie ich es mir immer wünschte, ist das Leben sehr intensiv geworden, doch gibt es immer auch längere Zeiten des »Nichts«, was ich eine Zeit lang als Versagen und Abstieg interpretierte. Nun hast Du in der letzten Zusammenkunft vom potenziellen Nichts gesprochen, und ich erkenne nun, dass es diese innere Quelle ist, die mir die Kraft für die Aufgaben, die mir das Leben stellt, gibt. Am Anfang unserer Begegnung sind wir uns in wichtigen Momenten manchmal begegnet, wo ich Dir Fragen stellen konnte oder im Gespräch meine Unsicherheiten erklären durfte. Dann realisierte ich, wie ich Deine unkomplizierten Worte im All-Tag umsetzen konnte. Ich wusste, dass ich selbstständig werden musste und Dich nicht dauernd auf diese Weise fragen konnte. Du hast es mal erwähnt, dass Deine Arbeit kein spiritueller Kindergarten für Erwachsene sei.

Ich danke Dir, Meister M, dass Du mir auch geholfen hast, eine gute Mutter zu werden, und zwar im richtigen Maß, sodass es für die Familie und meine Arbeit mit Menschen gut und richtig ist.

Im letzten Darshan hatte ich das große Glück, in einer der vorderen Reihen zu sitzen, und sah Wundervolles. In einem Moment gegen den Schluss sah ich, dass Du ein altersloser Yogi bist. In diesen Momenten blieb für mein Auge alles in einer nie dagewesenen Stille stehen. Auch der unmittelbare Raum um Dich war absolut still und regungslos. Und dann die Auferstehung, die ich erlebte, als Du vom Sofa aufgestanden bist und Deine Arme segnend im Raum ausgebreitet hast. Wie wunderbar, dass Du die Kraft hast, uns zu zeigen, wie wir uns erheben können.

Viel Wundersames hat sich im Zusammensein mit Dir ereignet, es hatte eine gewaltige Wirkung! Ich lernte, das Geschenk des Lebens sich bewusster und achtsamer entfalten zu lassen. Klarheit, Gerechtigkeit, Vertrauen, Geduld und das Ausreifenlassen sind das, was Du uns vorlebst. Diese Lebenshaltung hat keinen Namen und ändert dauernd ihre Form, und am Schluss gibt es keine Lorbeeren oder Diplome, aber eine tiefe natürliche Zufriedenheit und grenzenlose Stille.

8. Juli 2003

Deine Worte treffen wie ein göttlicher Blitz mein Herz. Uralter Schmerz findet in den Tränen der Liebe Erlösung. Meine Dankbarkeit ist unermesslich, ich fühle mich zum ersten Mal bedingungslos willkommen. Darin erlebe ich ohne Zweifel die Wahrheit meiner selbst. In tiefer Hingabe an das Unerklärliche und Unfassbare, das Du bist.

16. August 2003

Du solltest wissen, dass Deine liebenden und lichtvollen Worte mich in den letzten Jahren intensiv begleitet haben. Ich erkenne in allem, was sich im Hier und Jetzt offenbart, Dein Licht, dieses Licht, das den Tod nicht berührt und die inneren Mauern zerbröckeln lässt. Ich verstehe Deine starken Worte, die Träume und Vor-Stellungen zerflattern lassen. Du sagst: »Wer zu mir kommt, nähert sich dem Auge der Sonne, das sich selbst erblickt.«

Ich danke Dir sehr für jede Hilfe, die mein Ego kreuzigt und mich meiner Mitte näher bringt.

23. August 2003

Etwas wird ganz still in mir, während ich beginne, Ihnen zu schreiben. Ihre Bücher berühren mich jenseits aller Worte und oft fühle ich mich dann von einem gütigen Licht umfangen. Und dann sind da meine körperlichen Schmerzen, ohne einen wirklichen Befund. Dieses Sich-krank-Fühlen, diese Unsicherheit, die Angst. Was soll ich tun, was soll ich lassen? In mir ist eine große Sehnsucht, mich dem heiligen Licht hinzugeben. Müde von langer Suche, ohne jedoch die Hoffnung verloren zu haben, das zu finden, was wirklich IST.

Ich bitte Sie, meine Hand zu nehmen und mich zu führen. Nehmen Sie mich mit ins Licht, das Sie sind, ich bin bereit! Nach langer Trockenheit regnet es jetzt erstmals wieder.

9. September 2003

Ich fühle mich an Dein Herz gedrückt, folge dem Ruf der Liebe, einer ganz eigenen »Vernunft« folgend. Ich fühlte mich in Deiner Lichtkraft wie in einer Alchimisten-Stube. Brodelnd, köchelnd, feuernd geschieht eine unfassbare Umwandlung – Denken unmöglich. Der Kopf ist bleischwer, es übernimmt eine andere Kraft. Ich fühle mich so sehr eingeladen, dem Licht entgegenzugleiten, in Dich heimzukehren. Ich freue mich, genau jetzt zu leben, und nehme es dankbar an.

17. September 2003

Meine Seele war tief berührt, als Sie sagten, dass alle Menschen in Ihrem Herzen sein dürfen. Danke! Wo Schmerz bewusst wird, will er sich lösen! Liebe und Güte sind geistige Offenbarungen in der Zeit, sind göttliche Kräfte. Sie, Meister M, sind Liebe und Güte. Durch Sie flammt göttliche Kraft, erstrahlt das göttliche Sein in alle Seelen. Nur die »Himmel« können Ihnen danken.

Ich danke Ihnen für Ihr Menschsein und Ihre Menschlichkeit.

18. September 2003

Während der Segnung, die wir an der Zusammenkunft im September durch Sie empfingen, offenbarte und manifestierte sich in mir fühl- und sichtbar ein fließender Lichtstrahl. Es war, als würde das göttliche Meer des Universums die Mauern meines Egos zerbrechen. Sie, Meister M, traten heraus aus der sich endlos in Kreisen bewegenden Strahlenwelt als Gottmensch. Ich denke, dass Ihre Erdenhülle der wahre Grals-Kelch ist, der den kosmischen Geist »Christi« offenbart, um der Menschenwelt des 21. Jahrhunderts als Träger der universellen Liebe zu dienen. Ich bin Ihnen unaussprechlich dankbar.

Der mir durch Ihre Anwesenheit geschenkte Lichtfluss lindert erheblich meine Schmerzen und schenkt mir oft Stunden seligen Schlafs. Mit dankerfülltem Herzen gehe ich weiter durchs Leben. Bitte verzeihen Sie mir, dass ich mir erlaubt habe, Ihnen meine Gefühle so offen darzulegen.

19. September 2003

Danke für das direkte Erleben dessen, wer Sie wirklich sind. Es geschah zwischen Wachen und Schlafen. Sie selbst, ein gewaltiges Licht, erhoben mich, alles eins. Worte, um dies zu erklären, gibt es nicht, alle Konzepte und Vorstellungen sind weg. Nur Liebe und eine tiefe Demut im Herzen und immer wieder Tränen der tiefen Berührung. Ich bin gefunden worden!

Es ist eine große Gnade, Ihnen begegnen zu dürfen. Sie, der der Welt als reine Liebesgabe zur Verfügung stehen zum Wohle aller Wesen, Sie sind für mich der WEG, die WAHRHEIT und das LEBEN.

19. September 2003

Es ist so schön, einfach nur sprachlos zu sein! Ich bin es! Das Zeitlose in der Zeit, die Glut des schöpferischen Feuers kann in einer Sekunde den Körper so durchstrahlen, dass er zum All wird. Diese Wandlung des Zellkleids hat sich so bei Meister M vollumfänglich vollzogen. Ich erblickte Ihn im Traum und er sagte: »Sei still und erkenne, dass ich das Licht aller Lichter bin, die Auferstehung und das Leben.«

Gedanken der Liebe und des Dankes strömen Dir, geliebter Meister, zu!

24. September 2003

»Blume der Liebe, erwecke mich mit Deinem Glanz, verwandle mich mit Deinem Duft und lass mich das sehen, was ich immer war und immer sein werde.«

Die Sehnsucht meiner Seele ließ mich nie in Ruhe. Sie erinnerte mich stets daran, dass es mehr geben muss, als ich begreifen kann. Sie ließ mich nie einschlafen. All die Jahre wünschte ich mir, ich wäre plötzlich in einer ganz anderen Welt, einer Welt voller Intelligenz,

Glück und Liebe. Diese Welt schien Lichtjahre von mir entfernt zu sein, doch die Hoffnung gab ich trotzdem nie auf. Meine Seele wusste, dass ich eines Tages wach werden würde.

Deine Bücher haben mir die Augen geöffnet und mich zutiefst berührt. Endlich bin ich der Wahrheit ein Stück näher gekommen! Endlich habe ich verstanden, dass es nichts Wichtigeres auf dieser Welt gibt außer der Liebe und dass die Liebe unzerstörbar ist. Dass sie immer für alle da ist, wie der Duft der Rose. Und dennoch fühle ich mich manchmal sehr einsam und verletzlich und weiß nicht mehr weiter.

In meinem Herzen bitte ich Dich um Hilfe, denn ich möchte mein Leben verändern.

26. September 2003

Ich bin von Deiner Lichtkraft getragen, in mir ist ein stiller See von Freude und Liebe, die in meinen Alltag einfließen und ihn leichter, schöner, normaler machen. Oft ist mein Atem so leicht und frei wie in einem Lichtstrom. Manchmal wallen uralte Neigungen und Gefühle auf, und dann ist in mir oft eine starke Hitze. Ich wende mich innerlich immer an Dich, und es klärt sich irgendwie immer. Ja, der kosmische Meister ist nicht nur in München oder Zürich, ich habe ihn in meinem Herzen entdeckt, ER ist immer genau da, wo auch ich bin. Es entsteht innerer Frieden. Manchmal ist dies auch mit einer großen, aber sanften Traurigkeit verbunden, da ich dies meinem Mann nicht mitteilen kann. Es kann nicht verstanden werden, da es jenseits aller Worte ist. Gefühle wie Neid und Eifersucht, die mich früher öfter geplagt haben, sind einfach nicht mehr vorhanden, was ich ganz konkret in meiner Beziehung zu meinem Mann erlebe.

Meister M, ich lege mein Herz in Deine Hände, was immer auch kommen mag, es wird von Frieden gesegnet sein. Die Worte von Maximilian Hirsch am Schluss des Buches *Licht einer großen Seele* sprechen mir aus dem Herzen.

23. Oktober 2003

Meine Seele weint, in mir ist ein Meer von Tränen. Ich habe in mein Leben eine furchtbare Unordnung gebracht, durch Deine liebevolle Präsenz wird mir das Ausmaß nach und nach offenbar. Ich fühle Deine Anwesenheit Tag für Tag. Du versorgst mich mit Seelennahrung, die mir die Kraft gibt, die Unordnung nach und nach zu beseitigen. Ich fühle mich wie ein Grenzgänger, der von der Welt der Dunkelheit in die Welt des Lichts wechselt.

Manchmal bin ich mutlos und verzweifelt, denn die alten Egokräfte und die Sucht, sich ihnen zuzuwenden, sind sehr stark. Dann schaue ich Dein Bild an, fühle Deine Anwesenheit und höre Dich sagen: »Alles wird gut.« Das beruhigt mein Herz, und es wird sanft umhüllt und heilt. Danke, dass ich Dir mein Herz ausschütten durfte.

6. November 2003

Ein Jahr ist vergangen, seit ich zum ersten Mal in München an einer Zusammenkunft teilgenommen habe. Es ist etwas Wunderbares geschehen! Dem Ruf meines Herzens bin ich gefolgt. Das vergessene Kind war nie von der ewigen Liebeskraft alleine gelassen. Von der Ur-Sonne umhüllt, geht es im unendlichen Augenblick niemals verloren. Tief verbunden fühle ich mich mit Deiner spirituellen Arbeit, mit der heiligen Kraft, die mich liebevoll in den Hafen meiner geistigen Heimat führt. Stürmisch und nebelig ist die See, doch jetzt bin ich mir bewusst, dass auch bei allen möglichen Urgewalten immer und ewig das Heiligste seine Hände um das Ruder meines Schiffes gelegt hat.

Was für ein Schlafwandler war ich, der da irrte von einem Ort zum anderen, und das auch noch auf glitschigem Boden!

Wo hab ich meinen Platz auf dieser Erde?

Wer bin ich, was tue ich?

Gedanken, Gedanken, Worte, Worte. Wie unwichtig doch all diese Fragen sind, das hast Du mir nahegelegt.

Tief in meinem Innern spüre ich jetzt etwas Liebevolles in meinem Herzen, das hin zum Allerhöchsten ausgerichtet ist. Es ist, als würde ich das Fließen des ewigen Brunnens vernehmen. Unliebsame Gedanken quirlen hin und wieder in mir hoch und versuchen mich zu verunsichern, doch wie Du sagst: »Der Himmel über den Wolken ist immer blau.«

23. November 2003

Es war so schön, kurz vom Licht Ihrer Seele berührt zu werden! Viel Segen ist mir und meinen Bekannten zugeströmt. Danke! Während der Zusammenkunft fühlte ich mich im Herzen des Alls und belichtet von der Liebeskraft, die von Ihnen ausströmt. Meinen innigen Dank, mein Durst ist gelöscht, ich bin satt und gesund!

Meister M, ich empfinde Sie als »göttlichen Urquell der Liebe in der Manifestation«.

Danke, danke, danke!

25. November 2003

Wenn die Wunschkraft in uns Menschen verdunstet, so verstand ich Meister Ms Worte, wird aus Wanderung Wandlung. So strömten seine Worte in mich ein und lösten folgende Gedanken in mir aus: »Ich glaube nicht, dass die Sekunde der Entflammung des Geistes im menschlichen Herzen von äußeren Einwirkungen erzeugt werden kann. Da Meister Ms Herz im All-Herzen der Schöpfung schlägt, ist er ein Gottmensch, ein aufgestiegener Meister.« So dachte mein Innerstes! Ich entschuldige mich, falls diese Gedanken falsch oder nicht erlaubt sind.

25. November 2003

Sie sind das »Ich Bin«, das Selbst in allen Wesen, die Manifestation des flammenden All-Herzens, das war, ist und immer sein wird. Sie sind die Verschmelzung und Einung, die da sagt: Ich bin die Auferstehung und das Leben! Meister M, ich danke Ihnen aus tiefstem Herzen für Ihre Liebe und Hingabe, auch wenn der Dank möglicherweise nicht am richtigen Platz ist! Ihre kosmische Umarmung ist für mich unabhängig geworden von Raum und Zeit.

27. November 2003

Ich empfinde für Meister M eine große Ehrfurcht. Ich habe Sein heiliges Licht gespürt. Ja, es gibt eine Welt, die Meister M ist, die eins mit dem heiligen Universum ist und absolut jenseits unseres Verstandes und unserer Fassungskraft, jenseits jeglicher Form und jenseits von Raum und Zeit. Mir fehlt die Liebe, um diese hohe Lichtkraft in vollem Umfang zu empfangen. Ich brauche Seine Hilfe, denn irgendwie mache ich alles falsch und stelle auch die falschen Fragen.

Meister M ist für mich sehr wichtig, der andere Lehrer ist Jesus Christus. Ich glaube zu spüren, dass es zwischen ihnen beiden keinen Unterschied gibt in der Totalität, die nicht in Worte zu fassen ist. Das Buch von Meister M *Die Welt bist Du* ist eines der schönsten Dokumente überhaupt. Es braucht Gnade, um so viel empfangen zu können. Ich ahne die unermessliche Kraft von Meister M und bin dankbar für Sein Hiersein.

28. November 2003

Ich bin Deinen Taten und Deinem geistigen Wirken auf Ewigkeit für alles, was in mir und um mich herum geschieht, so unendlich dankbar, so dankbar für alles, was Du uns gibst. Ich danke für die Gnade und Güte Gottes, welche durch Dein Herz alle Lebewesen liebkost und durch die heilige Strahlungskraft erweckt und erkennen lässt. Meine Aufgaben und Ziele habe ich immer klarer vor Augen und lasse sie durch die fließende Harmonie der Quelle des Seins geschehen. Es ist mir bewusst, dass ich noch vieles in mir entdecken und klären darf.

Ewigen unaufhörlichen Dank an Dich, Meister M!

30. November 2003

Nie war ich mir so sicher, dass ich Dich in mir spüre und Du ständig mit mir in Verbindung bist. Es ist eine große Freude, Dir diese Zeilen schreiben zu dürfen und Dir mein Staunen und meine Dankbarkeit mitzuteilen. Es fließt einfach über – hin zum Liebsten, zum Auslöser, zum Erinnerer und Erwecker, zu Dir! Es ist ein Jubilieren angesichts der unfassbaren Gnade, die mehr und mehr ins Bewusstsein dringt. Vor Jahren habe ich Dir einmal vorgeworfen, Du würdest mir alle Romantik nehmen, doch was ist Romantik gegen eine solche Erlösung der Seele!

Möge Glückseligkeit Dir einmal mehr dieses wundervolle Lachen aufs Gesicht zaubern. Ich schenke Dir mein Lachen und meine Liebe.

7. Dezember 2003

Eben bin ich von der Zusammenkunft in München nach Hause gekommen, und ich verspüre das Bedürfnis, Dir zu schreiben. Es war eine solche Bereicherung, diese beiden Tage in Deiner Gegenwart verbringen zu dürfen! Im Darshan fühlte ich, wie mein ganzes Energiefeld vibrierte und etwas ganz Tiefes in mir geweckt wurde. Ich fühlte Frieden, Freude und Leichtigkeit, aber eigentlich kann ich es nicht mit Worten erklären. Auf jeden Fall möchte ich Dir einfach danken. In den letzten Wochen und Monaten habe ich immer intensiver erlebt, wie mein Verstand ein regelrechtes Gefängnis sein kann. Da war zum Teil nur noch Dunkelheit, ich sah kaum mehr Licht. Meine Gedanken kreierten eine Negativspirale, die kaum mehr zum Aushalten war.

Deine Zusammenkunft in Zürich hat mir wieder Auftrieb gegeben. Da sind so viele Ängste, die auch durch meine Trennung wieder aktiviert wurden.

15. Dezember 2003

Langsam beginne ich die tiefe Kraft wirklich zu spüren, die Du mit Deiner Gegenwart in mir zum Schwingen bringst. Der uralte See der Traurigkeit ist in mir verdunstet. Die Tränen, die beim Darshan fließen, sind Tränen des Wiedererkennens. Etwas möchte dahinschmelzen, ganz in dieses Wiedererkennen hinein. Dass Du da bist mit Deiner universellen Liebeskraft, von der ich auch immer besser den unpersönlichen Aspekt sehe, dass Du da bist und uns begleitest, empfinde ich als wahres Glück.

15. Dezember 2003

Die letzte Zusammenkunft hat mir so wunderbare Tage in München beschert, dass ich Dir gerne in ein paar Zeilen meine tief empfundene Freude darüber ausdrücken möchte. Ich empfinde diese Zusammenkünfte immer wie einen Sechser im Lotto. Darüber lässt es sich ganz prima verschmerzen, dass bisher im weltlichen Lotto meine Zahlen für einen Sechser nie stimmten. Wenn ich nur einen kleinen Teil dessen, was Du mir geschenkt hast, im Alltag einsetzen kann, so bedeutet dies für mich ein unermessliches Mehr an Lebensqualität. Es ist, als hätte ich bisher verschmutzte Luft atmen müssen, und nun tut mir die reine Luft so wohl, dass es sich gar nicht beschreiben lässt. Ja, dieser Vergleich trifft es gut. Von Dir zu dem persönlichen Treffen am Montagabend eingeladen zu werden, empfand ich als eine große Ehre.

Da mir hier die richtigen Worte, um Dir zu danken, fehlen, belasse ich es dabei. Ich war sehr glücklich, dass ich kommen durfte, zu meiner inneren Klärung hat es wesentlich beigetragen. Und Weihnachten geht ja noch weiter! Meine Freunde dürfen Dich nächstes Jahr ebenfalls persönlich treffen. Du hättest sehen sollen, wie glücklich wir alle waren, als ich ihnen Deine Einladung vorlas. Ach, ist das schön!

17. Dezember 2003

Ich danke Dir von Herzen, dass Du es auf Dich nimmst, uns nach Hause zu führen, auch wenn der Weg vielleicht noch weit und schwer ist. Ich will ihn nie mehr aufgeben. Sage mir, wie konnte nur so viel Grausames und Boshaftes auf die Welt kommen? Dies beschäftigt mich im Moment sehr. Und mit Entsetzen sehe ich, dass ich hier bin, weil ich auch etwas damit zu tun habe. Es ist wirklich Zeit zu erwachen!

18. Dezember 2003

Wunderbarer Mensch, sonnendurchflutetes Wesen, Meister M. Da ich Dich als Freund kennengelernt hatte, schreibe ich Dir in Freundschaft: Danke, für die Augenblicke der Stille, der wunderbarsten Melodie aller Melodien. Wenn Du sprichst, wird irgendwo in meinem Innersten sehr subtil Ganzheit, Zartheit und Feinheit ent-deckt. Respekt und Dankbarkeit füllen mein Herz.

19. Dezember 2003

Ich möchte Dir von Herzen für die liebevolle und lichtvolle Energie, die durch Dich in mein Leben gekommen ist, danken. Schon gleich, nachdem ich Dir in Zürich das erste Mal begegnet bin, gab es einige wesentliche Veränderungen in meinem Leben, unter anderem die sofortige und völlig überraschende Auflösung jeglichen Wunsches nach Betäubung durch Alkohol oder Ähnlichem, was für mich eine große Befreiung bedeutet hat. Es ist schon ein beeindruckendes Erlebnis, wenn eine so starke Sucht nach jahrelangem Dagegenankämpfen von heute auf morgen »einfach so« verschwindet! Und auch auf der Beziehungsebene wird eine deutlich veränderte innere Haltung sichtbar. Die Zufriedenheit mit dem, was gerade ist, wächst in mir. Was für eine Freude und große Dankbarkeit!

Seit Du neulich gesagt hast, dass ein Horoskop letztlich nichts anderes eine Abstrahlung des Egos ist, die interpretiert wird, bemühe ich mich in meinen Beratungen, darüber hinaus zu gehen.

22. Dezember 2003

Mit großem Respekt gegenüber dem »Einen«, das Du verkörperst, schreibe ich Dir diese Zeilen. Aus meinem tiefsten Inneren spricht eine Stimme, die sagt: »Da muss es ein ›Etwas‹ geben, das über allem steht. Da ist dieses ›Ich‹, das sich Leben für Leben bemüht, Gott zu werden, und einfach nicht zulassen kann, dass Gott die Grundlage ist, damit das Ich überhaupt erscheinen kann.«

Wie ist es möglich, dies in bestimmten Momenten wahrzunehmen, es aber nicht auf die Dauer zu sein? Die Erinnerung allein schon macht es unmöglich. Oder? Da ist »etwas«, das hindert, »etwas«, das nur durch die Gnade des »Jetzt« befreit werden kann. Diese Gnade, Meister M, bist Du, ist Sai Baba und Ramana Maharshi! Ihr seid heilige Verkörperungen, die sich ihrer Erscheinung bewusst sind.

Du, Meister M, leuchtest klarer und reiner als Tausende Diamanten. Du kennst mein Inneres und die ausgefeilten Konzepte, die ich erschaffen habe. Bitte, lass Befreiung geschehen. Lass alle Konzepte ihre Wirkungen verlieren. Lieber Meister M, mit tiefer Verbundenheit und Freude darüber, dass es Dich gibt, lass mich noch viele Male zu Dir kommen und in Deiner kristallklaren Gegenwärtigkeit sein.

26. Dezember 2003

Du zentrale Sonne meines Herzens! Je mehr ich mich in Deine Augen hineinfallen lasse und dort in aller Wahrheit versinke, desto klarer, ruhiger, leiser, schlichter, getragener und weicher erfahre ich mich. Auf der Fahrt zur Zusammenkunft nach Biel wurde ich unbeschreiblich leer und fuhr abends zurück, im Bewusst-Sein der unfassbaren Fülle dieser Leere. Der Sonntag war so verdächtig unspektakulär und doch so tief! Ich fühlte mich auf eigenartige Weise entlastet, leicht und grenzenlos weit in einem unfassbaren Erfülltsein. Die Gnade Deines Seins ergießt sich in mir als Freude, Dankbarkeit und staunendes Erleben.

Deine Liebe macht mich frei, ich habe Vertrauen und allen Grund dazu. Oh, meine Güte, in welch unfassbarem Leben befinde ich mich? Auf meinem Lieblingsspazierweg stelle ich mir oft vor, Dich an meiner Seite zu haben und die Schönheit der Natur mit Dir zu genießen.

27. Dezember 2003

Meine Mutter hat mir Bücher von Ihnen nach Indien mitgebracht. Beim Lesen erfuhr ich eine tiefe Liebe, aber auch meine Sehnsucht nach Gott wurde wieder so richtig geschürt. Ich habe vernommen, dass Sie öfter nach Indien kommen und auch in diesen indischen Staat, in dem ich seit geraumer Zeit arbeite und lebe. Als ich das hörte, stieg meine Hoffnung, dass die Chance, Ihnen zu begegnen, vielleicht doch nicht in allzu weiter Ferne liegt. Es würde mich freuen, von Ihnen zu hören, insbesondere wann und wo genau Sie in Indien sind. Ich denke, ich werde nicht so schnell in die Schweiz kommen, deshalb wäre es wunderschön, Sie hier treffen zu können.

29. Dezember 2003

Wenn ich »Dich« erfahre in meinem All-Tag, bin ich ergriffen und berührt. Wenn ich erahne, welche Gnade mich umhüllt und leitet, bin ich bebend zerfließend. Wenn ich mein neues Sehen und Erkennen wahrnehme, bin ich froh, wie behutsam es sich vertieft. Wenn ich weiß, dass Du mit uns vor- und zurückgehst, damit wir uns nicht verlieren, dann geht dieses Geliebtsein so sehr über meine bisherigen Erfahrungen hinaus, dass stille Tränen fließen.

Wenn ich Geburtstag habe, schmettere ich laut singend meine Dankbarkeit in die Welt für dieses jetzige Leben mit Dir, geliebter Meister M.

Wer andere hasst, verurteilt und kritisiert, hat wahrlich vergessen, sie zu lieben. Wer nicht fähig ist zu vergeben, lebt isoliert in düsterer Lieblosigkeit.

In den Bergen von Indien

Ein Augen-Blick in Indien

Aggressivität ist Ausdruck von Schwäche und Ignoranz.
Mahatma Gandhi hat durch Gewaltlosigkeit und
Beharrlichkeit ein Imperium in die Knie gezwungen.
Die größte Kraft im Universum ist die
reine, selbstlose Liebe. Sei sie!

10. Februar 2004

Mein verwirrtes Herz öffnet sich, mein ruheloser Verstand findet endlich Frieden. Deine unendliche Schönheit und Liebe ist ein Überfließen an heiliger Kraft. Ich fühle ich mich wie ein verunsichertes Kind, das gerade zu vertrauen und zu lieben lernt. Ich spüre, da ist irgendwo ein grenzenloses Vertrauen in das Selbst, ich brauche nur zu springen, und alles, was mich bewegt, klärt sich. Ich wünsche mir Mut zu springen und Geduld beim Fallen. Ich danke Dir unendlich für Deine unendliche Liebe.

19. März 2004

Lichtvoll möchte ich Dich grüßen und Dir für alles danken, was ich in Deinen Zusammenkünften erfahren durfte. Dennoch geht heute ein Hilferuf meinerseits zu Dir. Durch den plötzlichen Tod meines Mannes bin ich wie in eine dunkle Wolke der Trauer eingehüllt und weiß an manchen Tagen nicht mehr, wie es weitergehen soll.

Bitte hilf mir, den richtigen Weg zu finden, damit sich Liebe, Zuversicht und das Licht wieder in mir manifestieren können.

12. Mai 2004

Am vergangenen Sonntag durfte ich einmal mehr teilhaben an einem geistigen Mahl der Sonderklasse. Diesem Überreichen haftete nichts, aber auch gar nichts Spektakuläres an, sondern wurde in einer Schlichtheit und Natürlichkeit dargereicht, die mein Innerstes aufs Tiefste berührte. Für dieses besondere Berührtsein bin ich tief, sehr tief dankbar. Ihre Worte sind Bestätigungen dessen, was mir im Leben das Wichtigste und Heiligste ist. Daher werden Sie verstehen, dass

»ES« tiefe Spuren in mir hinterlassen hat. Erwachen, Wahrnehmen, Unterscheiden, Verantwortung übernehmen und Dienen – dies mehr und mehr in meinem Alltag umzusetzen, bedeutet für mich wirkliches Leben. Ihre Worte ermutigen mich immer wieder, diesen Weg konsequent zu gehen. Haben Sie innigen Dank für all die Liebe und Weisheit, die Sie den Menschen und mir vermitteln.

12. Juni 2004

Mein Herz fließt Dir entgegen. Die Zeit von Dezember bis jetzt, sie war so intensiv, viele Täuschungen und Missverständnisse wurden sichtbar. Diese Zeit fühlte sich wie eine Vorbereitung für eine tiefe innere Reinigung an. Oft fühlte ich mich gehalten und geführt, und trotz aller Zweifel fand ich zur Stille und zu Dir zurück. Morgen darf ich in Deinem heilenden Lichtfeld atmen, welch eine Gnade!

Nimm mich bitte mit in Deinen Ozean des Lichtes und der Liebe, lass mich Heilung werden, lass mich Liebe sein. Ich verneige mich vor Dem, was Du bist.

16. August 2004

Schon tausendmal habe ich diesen Brief in Gedanken an Dich geschrieben, doch mein Tun ist sorgfältiger geworden. Alles Überflüssige soll nicht mehr sein, und dennoch ist an diesem schönen Sommerabend die Zeit und Ruhe da, Dir von ganzem Herzen wieder und wieder zu danken. Danken für die drei intensiven, herausfordernden, erlösenden und inspirierenden Zusammenkünfte. Du bist so ein unfassbarer Meister und Lehrer. Immer mehr tanzt das Herz, dass ich dabei sein darf und wenn ich Dir begegne. Bei der ersten Zusammenkunft in Zürich wusste ich nach den ersten Worten von Dir, dass ich zu Hause angekommen bin. Nun sind viele Jahre verflossen und niemals hätte ich mir vorstellen können, welch unermessliche innere Arbeit und Veränderung auf mich zukommen wird. Dieses neue Da-Sein und dessen wundervoller Duft, den ich immer mehr erfahren und erleben darf, sind wahrlich ein großes Geschenk. Eine innere Zufriedenheit macht sich bemerkbar, die endlose Kostbarkeit des Lebens zeigt sich mir.

Ich staune: Dein heiliges Licht strahlt in die hintersten und innersten Winkel, an den eckigsten Kanten entlang, um alles Verhärtete, Verwirrte, zu dicht Gewordene zu heilen und zu erlösen. Es ist eine große Freude, Du hast mir sanft, bestimmt, mit unendlicher Geduld und vertrauensvoll wieder den Weg gezeigt. Wie Du mir einmal gesagt hast: »Die größte Kunst ist das Leben selbst.«

Bevor ich am letzten Darshan in München nach vorne kam, klopfte mein Herz bis zum Hals. Ja, sich der göttlichen Kraft hinzugeben ist der tiefste Herzenswunsch. Die Nahrung, die ich durch Dich erhielt, lässt mich demütig sein und dem endlos großen Unfassbaren ganz vertrauen. Dankbar nehme ich an, wie reich mich das Leben beschenkt. Deine Worte klingen in mir, wenn Du sagst: »Die Welt ist schön, sehr schön, schau sie dir genau an.« Dein JA ist wirklich allüberall.

Von ganzem Herzen danke ich Dir, geliebter Meister.

12. September 2004

Ganz weit draußen, am Ende des Regenbogens, werde ich auf Dich warten und wenn Du dann kommst, werde ich da sitzen mit verschränkten Armen, damit du nicht zu früh erfährst, mit welcher Sehnsucht ich auf Dich gewartet habe.

Wer immer Du auch sein magst, geliebter Meister, ich habe gerufen, gebeten, gebetet, endlich nach Hause zu dürfen, obwohl ich nicht einmal ahnte, was dies wirklich bedeutet. Doch ich wurde gehört. Das klingt vermutlich etwas seltsam, aber ich habe einfach den Wunsch, Kontakt mit Dir aufzunehmen. Ich möchte die Hand ausstrecken, um die Hand zu nehmen, wenn sie mir gereicht wird, und mitgehen mit Dem, das ruft, mit Dem, dem ich mich nicht verschließen kann.

Gnade hat mich zu Dir geführt. Ich möchte Dir danken und finde keine Worte, um Dir zu sagen, was alles passiert ist, seit ich gerufen habe, und Dir berichten von der Liebe, die den Körper zu sprengen scheint, von dieser unermesslichen Liebe. Ich weiß momentan nicht, wo es langgeht. Das Alte scheint nicht mehr zu passen, und das Neue zeigt sich noch nicht klar. Ich stecke noch in der alten Haut, die sich als Individuum sieht, mit all dem, was damit zusammenhängt: Kämpfe, Widerstände, dem ganzen inneren Müll. Nicht möchte ich mich der Verantwortung entziehen, doch wo stehe ich mir selbst im Weg?

Deine Worte werden in meinem Leben lebendig, das Herz versteht. Je mehr das geschieht, umso mehr spüre ich die Enge, die Angst, das Festhalten an Sicherheiten, an Erwartungen und Hoffnungen, die fast das Schmerzhafteste sind, weil sie so leise daherkommen. Es scheint eine Zeit des Abschieds, des Loslassens von Träumen, von Menschen, von Vorstellungen, die ich mit diesen Menschen verbunden habe.

20. September 2004

Ich schreibe Dir, weil einfach nur schon der Gedanke, dass ich Dir schreiben darf und Du diese Zeilen liest, mich demütig und voll von Zuversicht sein lässt. Ich möchte mich bei Dir ganz herzlich für Deine große Arbeit bedanken.

Ich war jetzt erst zweimal bei Deinen Zusammenkünften, einmal in München und vor Kurzem beim Intensiv. Ich wurde durch Dich ermutigt, diesen Weg, den Du »Abenteuer der Normalität« nennst, in mir zu vertiefen. Ich bin jetzt Mitte Dreißig und habe vor vielen Jahren dafür gebetet – ich hatte damals das starke Gefühl in mir, dass die

Menschheit immer aggressiver und hasserfüllter wird –, dass jemand auf dieser Erde dazu bestimmt sein sollte, die Menschen zur Umkehr zu bewegen, um diese wunderschöne Welt zu retten oder zu reinigen.

Ich denke, dieses Gebet wurde erhört, da Du wirklich da bist. In großer Dankbarkeit und Demut danke ich Dir!

22. September 2004

Dir, Licht der Lichter, danke ich für die Heilungen aller Seelen. Danke für den Schutz in den Lichtpalästen Deines Herzens und danke, dass Du auf dieser Erde mit uns bist.

Bitte segne unsere Familie und meine Beziehung, schenke mir das Licht, die Liebe und die Kraft zum Verbleib oder für die Auflösung meiner Beziehung.

29. September 2004

Es ist mir ein tiefes Verlangen und eine große Freude, Dir schreiben zu dürfen, und ein Anliegen, Dir meine Unklarheit mitzuteilen: Du schreibst und sagst, wir sollen erwachen und erkennen, wer wir wirklich *nicht* sind! Doch welches ist der Weg zu diesem großen Erwachen aus unserem Traum? Ist dies nicht nur aus reiner Gnade möglich? Wie den Schleier der Erscheinung von den Augen nehmen? Jahrelange Meditationen veränderten kaum etwas in mir, einzig die Begegnung mit Dir berührt meine Seele. Deine intensive Gegenwart lässt meine Tränen fließen wie nie zuvor, und ich fühle mich nachher, wenn auch nur vorübergehend, wie auf einer anderen Bewusstseinsebene. Ich bin dankbar, dass es Dich gibt und ich Dir begegnen durfte!

Seit ich Dir begegnet bin, bin ich nicht mehr auf der Suche, doch eine nie gekannte Sehnsucht brennt in mir. Deine Augen sind wie

Sterne, die die Dunkelheit durchdringen. Dein Herz ist wie die Sonne, die alles mit Lebenskraft bestrahlt und durchstrahlt. Dein Geist ist still, weit und klar wie der Himmel.

1. Oktober 2004

Danke Dir, Du Licht aller Lichter, auch für Deine irdische Realität. Bin sehr dankbar, dass das heilige Licht auch die physische Ebene durchleuchtet. Danke für Deine Unterstützung und die große und ewige Liebe Deines Herzens.

2. November 2004

Herzlichen Dank, dass Du zu uns kommst, uns hilfst und uns den unsichtbaren Weg aus der Zeit offenbarst und Dich uns zeigst und zur Verfügung stellst. Danke, dass Du die Geduld aufbringst, uns immer und immer wieder auf die eine Wahrheit hinzuweisen, und sie uns vorlebst, und danke, dass Du Dich nicht zurückziehst. Danke, dass Du das Schwert der Liebe bringst, das reine Licht und keine leeren Versprechungen und danke, dass Du uns aus dem Vergessen herausführst.

Wir sind wie Kinder und Teenager: voller Ignoranz, Ansprüche, Forderungen, Begehrlichkeiten und unzufrieden mit uns selbst und der Welt. Wollen nicht hinhören, aber schnelle Erleichterung. Wollen keine Hingabe, aber Glückseligkeit. Wollen keinen Schmerz, fügen uns aber ständig selber Wunden zu und zeigen dann mit dem Finger auf die anderen, die uns das alles antun. Wollen eine schnelle, unproblematische Peinlinderung auf Rezept, nach dem Motto »Meister M, mache uns glücklich, mach, dass das vorbeigeht!« Osho antwortete auf die Frage, warum er die sexuelle Freizügigkeit gepredigt habe, dass ihm sonst keiner zugehört hätte und gefolgt wäre, denn die Wahrheit sei zu einfach.

Danke, Meister M, dass du uns nichts bietest, in dem wir uns verstricken können, keine Ausweichmöglichkeiten, nur die Wahrheit. Vielleicht sind wir wie Rosen, die kultiviert werden. Der Gärtner hegt und pflegt sie, beschneidet sie, gibt ihnen Richtung, Nahrung und entfernt, was verblüht und was marode ist.

Bei dieser Arbeit wird er manchmal von den Dornen gestochen, doch ohne diese Arbeit erblühen die Rosen nicht in voller Pracht. Es ist ein wundervolles, unfassbares, undenkbares Geschenk. Bitte nicht aufhören, geliebter Meister M. Ich werde immer wieder kommen, auch wenn ich Dinge höre, die mir nicht in den Kram passen. Ich komme, weil bei Dir keine Motivationsreden geschwungen werden und nicht alles in rosa Licht getaucht wird, und ich weiß seit der Zusammenkunft vom letzten Sonntag mehr denn je, wo ich hingehöre und was mich gerufen hat.

Deine Arme sind weit offen, jetzt kann ich zurück und beginne die Unermesslichkeit, die Grenzenlosigkeit tief zu erahnen. Mein Herz singt, die Seele tanzt, ich danke Dir in tiefer Liebe.

13. Dezember 2004

Mein Herz platzt fast, es ist ein großes Feuer und ein starkes Vibrieren in mir. Ich möchte mich bei Dir bedanken für das große Geschenk dieses Wochenendes. Für den wunderbaren Platz vorne, wohlwissend, dass die Lichtkraft auch den letzten Winkel des Raums durchdringt! Deine Einladung an uns, mit Dir zu essen, war wunderbar und die Speisen köstlich, aber nicht zu vergleichen mit der Nahrung, die Du im Darshan und der Zusammenkunft allen Menschen verabreicht hast. Ich fühle mich durchflutet von Liebe. Da ist ein so tiefes Lauschen und Fühlen auf das, was übertragen und geschenkt wurde.

Das funktioniert aber irgendwie gar nicht über den Kopf, obwohl

Intelligenz und Geist da sind und wirken. Ich kann es eigentlich gar nicht fassen. Ich habe das Gefühl, dass es leerer wird in mir und dass sich dadurch ein Raum öffnet, der diese grenzenlose Liebe, die durch Dich wirkt, empfangen kann.

Heute Nacht tauchte ein großes Feuer in mir auf, ein ur-uraltes Ego-Thema kam hoch, es hatte mit Schuld zu tun und einer großen Angst davor. Gestern begannst Du die Zusammenkunft mit den Worten: »Am Anfang war die schöpferische Wortkraft.« Ein intensives inneres Brennen, wie ein extrem hohes Fieber, war in mir, und ich leitete dieses Angst- und Schuld-Thema in die Flammen Deiner heiligen Lichtkraft. Heute Morgen fühle ich mich wie gereinigt und spüre, dass in Deiner Anwesenheit diese alten Themen endgültig verbrannt und gelöscht wurden.

Ich danke Dir für Dein fortwährendes Dasein!

16. Dezember 2004

Die Zusammenkunft hat mich sehr berührt und bewegt. Deine lichtvolle Energie habe ich sehr intensiv gespürt, und ich musste hinterher gleichzeitig weinen und lachen. Da ich Dich jetzt das erste Mal physisch gesehen habe, spüre ich Deine Energie noch viel deutlicher, wenn ich an Dich denke, und die schönsten Worte können nicht ausdrücken, was ich dabei empfinde. Deine Segnung ist das größte Geschenk, das Du mir machen konntest.

19. Dezember 2004

Nach meiner Begegnung mit Dir in München möchte ich als Erstes meinen tiefen Herzensdank aussprechen, dass ich in Deine unendlichen Augen blicken durfte. Nach Osho hat mich nichts und niemand mehr so tief berührt, mein Herz schmerzte, als es endlich wieder berührt wurde. Danke! Nach Deinem Darshan ist eine Menge in mir passiert, und auch dafür danke ich Dir. Die Vorstellung, Dich erst im Juni in München wiederzusehen, ist sehr schmerzhaft. Da ist diese alte Sehnsucht und auch die Angst, etwas zu verpassen, und eine starke Ungeduld.

Die ganze Welt wohnt in deinem Körper, es gibt nichts, was getrennt von dir existieren könnte. Töte nicht, weder in Gedanken noch in Worten noch in Taten, und vergiss nie, alle Lebewesen zu achten und zu lieben!

Peru, Machu Picchu – die heilige Stadt der Inka

Darshan

9. Januar 2005

Ich danke Dir für all Deine liebevolle Unterstützung bei Tag und bei Nacht. Für all Deine Berührungen und Unterweisungen, für den Glanz, der von Dir ausströmt und von vielen Menschen gesehen wird. Viele staunen über diesen himmlischen Glanz und fragen sich, woher er kommt. Mich hat er tief verändert. Danke für alles. Deine Liebe berührt mich so tief, es ist eine wunderbare Gnade, in diesem Glanz leben zu dürfen.

27. Februar 2005

Es gibt Momente, da scheint mein Herz zu zerreißen vor Sehnsucht nach Einheit und dem Wissen, dass die Wahrheit jenseits des Denkens liegt. Durch Dich, Meister M, lösen sich nach und nach die Schatten, die meine Seele umgeben, auf. Wie nach einem Regenguss der Himmel wieder klar und rein ist, so lösen sich nach einem Tränenstrom die dunklen Wolken auf, die die Seele verdecken. Doch es kommen immer wieder neue Wolken! Du, geliebter Meister, bist so fern und doch so nah. Tag für Tag fühle ich mich angezogen von Deinen Worten aus dem *Land der Stille*. Ich kann die darin geschilderten Begebenheiten und Wahrheiten derart in mich aufnehmen, dass sich eine Art Wandel in mir vollzieht. Ich danke Gott, dass Er mich zu Dir geführt hat.

24. März 2005

Meister des heiligen Lichts, könnte ich jetzt Ihr »Kleid« berühren, wäre ich geheilt. So berühre ich täglich Ihre Worte und nehme sie wie reines Wasser in mich auf. Das reine Wasser des Geistes erreicht jede Zelle meines Körpers als reines Bewusstsein. Seit diesen wenigen

Tagen, da ich von Ihrem Wirken erfuhr und nun Ihr Buch in Herz und Händen halte, befinde ich mich auf den glitzernden Schneefeldern jenes Anstiegsberges im *Land der Stille*. Die Liebe führt mich im Juni zu Ihrem Darshan und der Zusammenkunft.

4. April 2005

Gerade lösen sich Tränen, und ich weiß nicht warum. Ich bitte Sie um Beistand. Mein Wunsch ist einfach, Ihnen mitzuteilen, dass ich mich in einem ständigen inneren, liebevollen Kontakt mit Ihnen fühle, es ist wie ein Getragensein in göttlicher Hand.

Eine stille Freude und ein Glücksgefühl sind in mir, und ich bin fortwährend am Staunen über die Geschenke des Lebens. Etwas strömt in mir, das ich nicht in kleine Worte kleiden kann, weil es sich sehr zart und doch so kraftvoll und groß anfühlt. In tiefer Liebe, danke!

25. April 2005

Geliebter Meister M, wahrhaft Namenloser. Gestern durfte ich Ihnen zum ersten Mal begegnen, und jetzt möchte ich mich herzlich bedanken für alles, was ich empfangen durfte und in seiner Fülle wohl nie ganz erfassen werde. Unter anderem eine unbeschreiblich sanfte Energie, die mich insbesondere auch in der Mittagspause durchströmte.

Diese heilige Energie nahm ich mit und begegnete diesen wunderschönen Bäumen im Park nahe dem Kongresshaus. Lange vermisste ich solche Sanftmut, mit der befreienden Erkenntnis, dass es unnötig ist, nach Antworten zu suchen. Das konkrete Erleben der Kraft meiner eigenen Worte und die Erkenntnis, meine Zunge in

Zukunft besser zu hüten. In diesen Momenten erkannte ich, dass das wahrhaft Seiende außerhalb des Bewusstseinsfeldes der Persönlichkeit ist und dass dieses transformiert und erlöst werden kann. Ich badete in einer mächtigen Energie. Etwas geschah, das sich außerhalb meines Verstandes vollzog. Ich staunte. Ihre immense Lichtkraft fegte meine anfänglichen Zweifel hinweg.

25. April 2005

Ich habe das Bedürfnis, zu Ihnen zu sprechen. Ich durfte Sie gestern aus nächster Nähe im Kongresshaus erleben. Nachdem ich Ihr Buch *Im Land der Stille* letzten Herbst gelesen hatte, musste ich diesem Autor nahe sein. So schrieb ich mich für die Zusammenkunft ein und las dann noch Ihr Buch *Licht einer großen Seele*. Ab dann war die Spannung riesengroß. Dann erschienen Sie auf der Bühne und sprachen. Für mich waren es die Worte von Jesus Christus, die Wahrheit! Sie sprachen aus meinem Herzen. Ich war immer auf der Suche nach einem Lehrer, in Ihnen habe ich den Lehrer und Meister gefunden, den ich so lange gesucht hatte. Ihren Aussagen nachzuleben ist der Weg, den ich immer gesucht hatte.

Ich liebe Sie. Ich möchte vor Ihren Knien sitzen, meinen Kopf anlehnen und weinen, weinen, weinen. Aus Glück, aus Freude und aus Hingabe zu Gott, und Gott danken, dass ich Ihnen begegnen durfte. Gott gebe Ihnen Kraft und Gesundheit, damit wir Ihren Segen noch lange in uns aufnehmen können. Wir lieben und brauchen Sie.

25. April 2005

Keinen der sieben Feuertage im Jahr möchte ich vermissen, an dem das Universum – Meister M – für mein Auge im Raum physisch sichtbar und anwesend ist. Keinen der sieben Feuertage im Jahr möchte ich vermissen, an dem das himmlische Universum – Meister M – die Schleusen öffnet, um meine Raum-Zeit-Struktur mit reiner erlösender Essenz zu überfluten.

27. April 2005

Vergangenen Sonntag durfte ich mit Ihnen und vielen Hunderten Menschen im Kongresshaus Zürich zwei Tage verbringen. Diese wertvollen Stunden haben mich sehr berührt, und ich danke Ihnen von Herzen dafür. Ich bin sonst keine Briefeschreiberin, doch das, was wir alle von Ihnen erhalten durften, ist so wertvoll und nachhaltig, dass ich Ihnen dies einfach mitteilen möchte, zumal Sie zu uns gekommen sind in einem Körper, der eine sehr anspruchsvolle und schwierige Phase durchlebt, dies war für alle Anwesenden offensichtlich.

Ich wünsche Ihnen, dass Sie bald einen neuen physisch kraftvollen Abschnitt beginnen können und Gott Sie in Ihrem körperlichen Sein unterstützt. Ich weiß, dass Sie da sind für uns alle. Ich durfte diese enorme Energie, diese Liebeskraft tief erfahren und kann mit Worten meine Dankbarkeit nicht gebührend ausdrücken. Ich schätze es sehr, dass Sie in dieser Zeit mit uns auf der Erde sind und uns ein erweitertes Blickfeld für das Göttliche eröffnen.

29. April 2005

Obwohl ich erst seit letztem Herbst an Deinen Zusammenkünften teilnehme, ist in mir eine große Wandlung geschehen. Ich bin in einem stillen Hafen angelangt und fühle mich außerordentlich wohl. Ich verstehe Deine Botschaft und versuche mich «einzufügen». Es ist mir bewusst, dass ich ganz am Anfang stehe, und ich weiß auch, dass ich mich schon mit diesen paar Worten nicht ganz richtig auszudrücken vermag. Mein Wunsch ist es aber, auf diesem Weg weiterzugehen, und wenn es so weit ist, den letzten entscheidenden Schritt in die Ewigkeit tun zu dürfen.

Seit vielen Jahren bin ich Schülerin einer Frau, die kürzlich den Zeitpunkt gewählt hat, mir von Dir zu erzählen. Für mich war es wie eine Offenbarung. Ich fühle mich in Deiner leuchtenden Präsenz rundum wohl, meine schwer belasteten Schultern sind leicht geworden, und meine Sorgen haben sich in Luft aufgelöst. Die Angst vor der Zukunft gibt es nicht mehr. Ich habe erlebt, dass ich durch Deine Worte und Deine alles umfassende Liebe fähig war, Quantensprünge in meinem Leben in die richtige Richtung zu tun.

2. Mai 2005

Ich war bei der Zusammenkunft in Zürich sehr berührt von Dir und dem, was Du gesagt hast, vor allem am Morgen. Etwas hat sich sehr sanft angefühlt, auch irgendwie ernster als sonst, ich kann es nicht wirklich in Worte fassen. Da war etwas, was ich nicht benennen kann. Etwas hat mich zum Weinen gebracht, immer wieder, auch am Nachmittag, als wir uns von Dir verabschiedet haben. Als Du uns gesagt hast, dass es Dir körperlich nicht so gutgeht, bin ich etwas erschrocken. Ich wünsche Dir von Herzen gute Besserung! Du hast einmal gesagt, wir dürfen Dir alles übergeben. Darf ich Dir meine Unachtsamkeit und meine Unklarheit übergeben? Mit meinem Willen schaffe ich es irgendwie nicht. In unserer Familie ist wieder etwas Ruhe eingekehrt, nach all dem Chaos, in welchem wir waren. Es ist eine Wohltat.

Mein Mann und ich sind uns wieder etwas nähergekommen, es geht uns besser. Ich habe das Gefühl, dass sich etwas in mir gelöst hat. Es ist wie ein Einverstandensein, wie und was auch immer geschehen mag.

Du hast uns mit starken Worten aufgefordert, dass wir endlich Verantwortung für unser Leben übernehmen sollen. Wenn es etwas gibt, was ich nicht sehen kann oder irgendwo in mir nicht will, würdest Du mich bitte darauf aufmerksam machen?

Das Wissen, in Deinem Herzen zu sein, erfüllt mich mit Vertrauen und Dankbarkeit.

12. Mai 2005

An das universelle Bewusstsein in der Erscheinung als Meister M – Mario Mantese. Gestern war ich in Biel bei Deiner Zusammenkunft und habe keinen Satz von dem, was Du sagtest, verstanden, da ich kein Französisch spreche. Nach Biel war ich gekommen, um in der Gegenwart dessen zu sein, was durch Dich wirkt. Bis zur ersten Pause war ich doch erstaunt, wie sehr sich mein Verstand immer wieder auf das Sprechen zu konzentrieren versuchte, um es zu verstehen. Als es mir besser gelang, ruhig zu sein, wurde ich unendlich reich beschenkt. Ich durfte sehen, wahrnehmen, fühlen und erfahren, wie Du uns Menschen im Innersten unserer Herzen berührst und bewegst und uns die Rückkehr in die Eine Realität ermöglichst. Es ist das, wonach wir uns unstillbar sehnen, aber was von der nach außen orientierten Persönlichkeit überdeckt und verschüttet wird.

Du erinnerst uns an das Eine und findest jedes Herz. Du berührst es ganz zart und weckst es mit unendlichem Einfühlungsvermögen, mit unbeschreiblicher Liebe. Es geschieht. Du verkörperst diese unfassbar sanfte Liebe. Ich ahne ihre unermessliche Kraft. Im weiteren Verlauf des Vormittags wurde mir ein Einblick in ›Dich‹ geschenkt, Dich gibt es nicht, in Deinem Körper existiert keine Persönlichkeit. Was sich hinter und durch Deinen Körper offenbart, ist das Nichts, die heilige grenzenlose Leere, die Essenz von allem Sein. Von da kam das, was zu Deinen Worten wurde, zu Deinen Gesten und Deiner Mimik. Es ist diese unfassbare Kraft, die uns Menschen so tief berührt, es ist dieses Nichts, das sich aus der himmlischen Leere so überaus wirkungsvoll entfaltet und offenbart. Das ist das, was Du, Meister M, wirklich bist!

Deine Liebe ist unendlich tief, sie durchdrang jede Zelle meines Körpers. Ich darf ›Dich‹ lieben, ich erwache aus dem Tod und werde lebendig.

24. Mai 2005

Gestern Abend beim Lesen in *Im Land der Stille* war ich tief berührt von der erlösenden Kraft in diesem Buch. Folgende Worte möchte ich Dir sagen: Geliebter Meister M, ich lege Dir mein Leben zu Füßen und öffne Dir mein Herz. Ich trinke Dein Licht und empfange dankbar Deine Gnade. Immer öfter schaue ich durch Deine Augen in die Welt und spüre, dass wir alle *ein* Wesen, *ein* Atemzug Gottes sind.

Von leuchtender Liebe durchdrungen ruhe ich in Dir und sehe das Himmelreich sich entfalten.

Danke, dass es Dich gibt!

2. Juni 2005

Geliebter Meister, danke für Deine körperliche Präsenz; sie ist so hilfreich und ermutigend. Danke für Dein Vertrauen in uns und danke für die Beleuchtung und Belichtung unserer unklaren Zustände. Danke für die Leichtigkeit, die Du uns gestern mit Deinem Lachen schenktest. Danke für Deine Sanftheit und Geduld, danke für den Raum, den Du uns zur Verfügung stellst, um uns zu finden. Danke für die Menschen, die Du mir geschenkt hast zum Wachsen und Feiern. Danke für Deine Farbigkeit, die schon immer auch meine war. Danke für die Entdeckung der Kraft unserer Sprache. Danke für Deine Bücher, die ich ständig neu lese und die mich wandeln. Danke, dass ich Dich noch »zum Anfassen« erleben durfte. Danke, dass Du mich daran hinderst, mich von Dir abhängig zu machen. Danke, dass Du mein Leben von so viel Angst befreit hast. Danke, dass Du uns die Augen öffnest für das, was wir nicht sind. Danke, dass Du jeden von uns wahrhaftig meinst.

Danke, dass ich Dich lieben darf und in dieser Liebe heilen darf!

6. Juni 2005

In tiefer Dankbarkeit verneige ich mich vor Dir und danke Dir, dass Du die großen Strapazen auf Dich genommen hast, um uns zu treffen. Hoffentlich geht es Dir inzwischen gesundheitlich wieder besser. Jedenfalls hoffe und wünsche ich es von Herzen. Die Begegnung mit Dir war wieder wunderschön! Deinen Worten zu lauschen, mit Licht und Liebe überschüttet zu werden und mit Dir in die Stille gehen zu dürfen – mir fehlen einfach die Worte, um meine tiefe Dankbarkeit auszudrücken. Staunend und beglückt nehme ich Deine immerwährende Präsenz wahr, die sich in einem feinen Ton und Vibrationen ausdrückt. Auch hier: Es übersteigt alles, was ich bisher erlebt habe, es liegt jenseits meiner Vorstellungskraft, aber es ist das schönste Geschenk, das ich je erhalten habe! Selber stehe ich mit leeren Händen da, was schenkt und wünscht man einem Wesen, das Licht und Liebe ist?

Ich wünsche Dir alles Liebe und Gute, vor allem Gesundheit, Ruhe und viele Sonnenkringel auf dem See und duftende Blumen, die Dich erfreuen!

7. Juni 2005

Seit dem letzten Darshan erfüllt mich eine so süße, zärtlich tänzelnde Energie, die mich beglückt. Diese Süße mit Worten beschreiben zu wollen, scheint mir wie grober Unfug. Nimmer stammt diese herrliche Lichtkraft aus dieser Welt. Ich halte atemlos inne, meine Bewegungen sind von überirdischer Sanftheit durchdrungen, ich bin so dankbar.

Sie sagten uns, dass es wichtig wäre, Ihre spirituelle Arbeit tiefer zu erkennen, damit wir uns selbst erkennen können. Ich erkenne, was durch Ihr Wirken in mir geschieht. Alte Denk- und Fühlschemata werden aufgelöst, ich erlebe die Wirkung und empfinde Liebe und Zuneigung, ohne zu haften. Nie zuvor kannte ich dies, zu lieben und doch losgelöst zu sein. Nicht verbunden und doch so mitfühlend!

Sie bewirken wahrhaftig eine gewaltige Transformation in mir, durch Sie wird mir dies geschenkt. Voller Dankbarkeit verneige ich mich.

9. Juni 2005

Wir sind schon öfter bei Deinen Zusammenkünften in Zürich und München dabei gewesen, und jedes Mal hat unser Leben eine neue Ausrichtung bekommen. Doch dieses Mal in München hast Du uns besonders stark berührt. Es hat einen richtigen Ruck gegeben, wir sind wahrlich neue Menschen geworden.

Wir danken Dir aus ganzem Herzen, dafür, dass es Dich gibt, dass Du Dich trotz Deiner angeschlagenen Gesundheit auf den Weg nach München gemacht hast und dass wir innerlich mit Dir in ständigem Kontakt stehen dürfen. Wir danken Dir tausend Mal und wünschen Dir eine gute Gesundheit und freuen uns, Dich wiederzusehen.

9. Juni 2005

Zuallererst möchte ich Ihnen für Ihre wunderbare Arbeit danken. Seit April erlebe ich die schönsten Momente in meinem Leben. Das Eintauchen in die Liebe, in die Freude und ins Licht von Meister M.

Einem funkelnden, strahlenden Kristall bin ich begegnet, der in seiner Reinheit so stark leuchtet, dass ich weiche Knie und ein klopfendes Herz bekomme. Ich weine und weiß nicht warum. Schon lange bin ich auf dem spirituellen Weg und habe viele Kurse besucht und esoterische Ausbildungen absolviert, manche Bücher über Liebe und Licht gelesen und Konzepte zur Verbreitung derselben studiert. Ich hatte gehofft, das Tor der Liebe zu finden, das ist nicht geschehen. Und nun diese Begegnung mit Ihnen! Keine Worte können beschreiben, was in mir geschehen ist. Für mich sind Sie eine Offenbarung der Essenz, des Göttlichen. Mein brennendes Herz ist erfüllt von unbändiger Freude, ich kann mir keinen besseren Lehrer und Ent-Lerner als Meister M vorstellen.

10. Juni 2005

Die letzte Zusammenkunft hat mich stärker bewegt als alle anderen zuvor. Ich habe mehr verstanden und doch immer noch den Eindruck, die letzte Wirklichkeit noch nicht ganz zu erkennen. Während der Zusammenkunft habe ich mich lange mit dem großen Licht, mit der Liebe als Intelligenz des Universums verbunden gefühlt, ich habe mich eins mit Dir gefühlt. Auch jetzt ist mein größter Wunsch, eins mit Dir zu sein. Ich habe wichtige Einsichten über mein Leben erlangt. Wenn ich sage, ich danke Dir, dann ist das viel zu wenig. Ich habe diese unendliche Kraft gespürt, die durch Dich wirkt. Du wagst es, »niemand« zu sein, und ich habe Deine Liebe gesehen. Du hast diese große Zusammenkunft veranstaltet und warst gleichzeitig körperlich sehr angeschlagen. Ich weine unendlich viele Tränen der Rührung, wenn ich an Dich denke.

13. Juni 2005

Tiefsten Dank für Dein Sein mit uns. Danke aus tiefstem Herzen für das tiefe Berührtwerden, für die Wirkungen, das Einfügen, die Heilungen, für Deinen Humor, Dein DASEIN, Dein ewiges Imhimmlischen-Licht-Sein! Ich kann nicht in Worte fassen, was Deine Liebes- und Lichtenergie alles in mir ausgelöst hat, vor allem auch zuletzt in München. In segnender Haltung wie Christus standest Du da, mit Augen, die das Tor ins ewige Universum zeigen. Durch Deine Augen, die mir Leere und Fülle zugleich offenbarten, entdeckte ich meine geistige Heimat. Ich kann mich nur verneigen vor Dir, dem göttlichen Licht der Liebe, und still werden.

14. Juni 2005

Innigsten Dank, dass Du mich zu Dir gerufen hast, und für das immense Licht, das so spürbar von Dir ausstrahlt in Deinen Zusammenkünften. Danke für die Veränderungen, die in meinem Alltag durch dieses heilige und erlösende Licht geschehen. Deine Stille ist ein großes Labsal für meine Seele, danke.

16. Juni 2005

Nachdem ich im Magazin *Lichtfokus* von Ihnen und Ihrer Arbeit gelesen habe, bin ich sofort zu meinem ersten Darshan und der Zusammenkunft nach München gefahren und habe mich von Ihrer Liebeskraft berühren lassen. Danach hat mein Herz gebrannt und ist vor Freude gehüpft.

Ich spürte sehr starke Vibrationen in mir und den tiefen Schmerz eines Loslassungsprozesses. Mit diesem Brief möchte ich mich zutiefst bedanken für diesen Segen. Er lässt offensichtlich meine bisher so hartnäckig an mir zerrenden Egowünsche, unter denen ich lange gelitten habe, zerschmelzen. Bitte, wenn es irgendwie möglich und im Sinne des Höchsten ist, füllen Sie mein offenes Herz auch weiterhin mit dieser Gnade für meine nächsten Schritte. In tiefer Dankbarkeit und Liebe.

20. Juni 2005

Wir senden Dir von ganzem Herzen die besten Genesungswünsche! Können wir etwas für Dich tun? Du gibst uns täglich bedingungslos Deine ganze Liebe, und wir alle nehmen und nehmen täglich. Zu wissen, dass Du jetzt Hilfe brauchst, schmerzt. Dieser Gedanke macht uns betroffen. Du stehst uns und unserem Herzen so nahe, und wir sorgen uns um Dich und möchten Dir so gerne helfen. Wir schenken Dir intensiv unsere Liebe.

21. Juni 2005

Herzlichsten Dank für Deine unerwartete Antwort auf meinen Brief und für das besondere Geschenk an Lichtkraft, das Du mitgeschickt hast. Dafür fehlen mir schlicht die Worte. »Allmacht« scheint zutreffend, sie traf mich wie ein aufweckender Donnerschlag.

23. Juni 2005

Das große Strahlen Deines Herzens, das sich in Deinem edlen Antlitz widerspiegelt, begleitet mich zu jeder Zeit. Folgendes möchte ich Dir gerne mitteilen: Für einen Augenblick hatte ich das Gefühl, ich schaue mit Deinen Augen. Dein himmlischer Blick war in mir und strahlte durch meine Augen wie ein durch Wolken brechender Sonnenstrahl. Kaum dass ich dies realisierte und festhalten wollte, war es weg und bis jetzt auch nicht wiederholbar. Ein tiefes Glücksgefühl blieb den ganzen Tag. Deine Augen berühren mein Herz seitdem noch tiefer als bisher. Langsam entsteht in mir die Einsicht, dass das, was Du ausstrahlst, nicht personengebunden ist und sich schon lang in meinem Herzen offenbaren möchte. Trotzdem bete ich jeden Tag, es möge Gottes

Wille sein, Deinen Körpertempel zu heilen, zu stärken und zu erhalten. Das starke, von Dir gesprochene Wort »Einfügen« hat für mich eine ähnliche Bedeutung wie Vertrauen und hilft mir, über Dinge, die Fragen aufwerfen, nicht unnötig nachzudenken, sondern zu versuchen, mich einzufügen, geschehen zu lassen, anzunehmen. Es ist schön, langsam normal zu werden!

24. Juni 2005

Wunderbarer Meister M, meine Begegnung mit Dir: vollkommener Frieden, vollkommene Liebe und vollkommene Kraft. Für mich wahrlich ein großartiges Geschenk. Deine Führung für mein Leben und für alle Menschen ist nicht mit Worten auszudrücken. Hingabe geschieht. Ein bedingungsloser und grenzenloser Friede, der alles umfasst, ist spürbar.

Danke, dass es Dich gibt.

27. Juli 2005

Drei Tage mit dem kosmischen Meister M – einige Eindrücke der Begegnungen mit Ihm! Deutlicher und stärker als je zuvor hatte ich eine Woche vor der Zusammenkunft mit Ihm seine vorbereitende Gegenwart in meinem Leben wahrgenommen.

Es stehen sehr viele Menschen im Foyer der Stadthalle Germering und warten auf Einlass in die große Halle. Ich werde also nicht im ersten Viertel der vielen Reihen in seiner Nähe sitzen können, eher wohl im hinteren Drittel. Schon eine Stunde vor Beginn des Darshans ist seine lichte Energie spürbar. Als er dann auf der Bühne Platz nimmt, zerbrechlich wirkend, fast fluidal, ist die Energie, die er verkörpert, überall im gesamten Raum gegenwärtig, unabhängig von der Entfernung. In dieser Gegenwärtigkeit weitet sich mein Herz noch mehr, und ich spüre die unbeschreibliche Freude meiner ersten Begegnung mit ihm, die mich an die Aussage der ersten Jünger Jesu erinnert: »Wir haben den Messias gefunden!« Und dann beim Darshan schaue ich in die Augen der Liebe, in die Grenzenlosigkeit des Nichts, jenseits der Persönlichkeitswelt und stürze nicht ins Bodenlose, sondern bin erfüllt von einer unerklärlichen Kraft, die mich beim Zurückgehen an meinen Platz ganz sanft auftreten lässt, mich erfüllt und jenseits aller Ängste und Begierden still sein lässt.

Heute, am Sonntag, spricht er vom »Einfügen«. Mein Ego-Intellekt geht in Opposition, er will nicht eingefügt werden wie ein Mauerstein in einen großen Verband und sich nicht mehr vom Fleck bewegen können, er will frei sein. Doch tief in mir öffnet sich mit einem bedingungslosen »Ja« ein Raum, in dem die Gewissheit ist: Dies hier ist Erlösung, Befreiung von allen Fesseln aus der Jahrtausende währenden Gefangenschaft im persönlichen Bewusstseinsfeld. Wellen unbeschreiblicher Öffnung und Erleichterung bewegen sich aus inneren Tiefen bis hin in meine äußere Existenz. Tiefe Atemzüge der Entspannung durchströmen meinen Körper, Tränen lösen sich, Dankbarkeit und Liebe gegenüber dem Universellen Bewusstsein, das hier menschliche Gestalt angenommen hat, kennen keine Grenzen.

Montagmorgen: Heute findet das Interview mit dem kosmischen Meister statt. Er tritt ins Zimmer, ich bin erschüttert, mein Begreifen ist überfordert. Ich versuche eine Brücke zwischen der Totalität, die mir in Ihm begegnet, und Seiner tiefen Menschlichkeit, die zugleich da ist, zu schlagen.

Er führt uns mit unbestechlicher Klarheit aus Begrenzungen, Wertungen und den Überzeugungen hinaus. Er beantwortet eine meiner Fragen und sagt, dass der Mensch und die Welt weder verändert noch gerettet werden müssten. Er lässt uns das alles von außen betrachten, um einen Atemzug später diese ganzen Vorstellungen und Konzepte der Persönlichkeit humorvoll zusammenkrachen zu lassen.

Wir lachen schallend aus ganzen Herzen. Eine unbeschreibliche Befreiung vom Zwang des persönlichen Müssens geschieht. Zugleich macht mich seine unermessliche Wertschätzung und Liebe betroffen, die er der Welt und allen Lebewesen schenkt. Er kennt und durchschaut die sogenannte »Realität« unserer Persönlichkeit bis in den letzten Winkel und gibt allem seinen Platz. Wiederum: Welch unermessliche Befreiung!

Ein Blick zurück im langen Flur. Meister M, seine Lebenspartnerin und die Gastgeber stehen lichtvoll und strahlend da und verabschieden mich. Erst als ich abends zu Hause bin, realisiere ich, dass sein Körper während unseres Interviews zeitweise sehr geschmerzt haben muss.

3. August 2005

Du strahlende Sonne meines Lebens, ich möchte Dir danken für Deinen wegweisenden göttlichen Lichtstrahl! Das Wort Danke reicht nicht aus, um meine Dankbarkeit und Freude auszudrücken. In der Tiefe meines Herzens wächst eine Knospe aus dem Garten Gottes. Mit dem göttlichen Sonnenschein Deiner Liebe kann sich diese zarte Knospe zu einer reinen, strahlenden Blüte entfalten und in Deinem Herzen blühen. Die bevorstehende Begegnung mit Dir ist für mich ein kostbares Geburtstagsgeschenk. Möge an diesem Tag im September mein Herz voll empfänglich sein für Deine göttliche Botschaft!

1. September 2005

Wir danken Dir sehr für alles, was Du seit unserem Besuch Deiner Zusammenkunft in München in unser Leben gebracht hast. Du bist uns geistiger Ratgeber und tröstlicher Rückzugspunkt in den Wirren des Alltags. Wir stehen beide an Scheidepunkten in unserem Leben, gemeinsam jedoch werden wir den Weg in Freude und Liebe gehen. Dabei haben wir, seitdem wir Dich kennenlernen durften, immer das Gefühl, Dich bei uns zu haben, sobald wir an Dich denken und Deinen Namen aussprechen.

7. September 2005

Jetzt, nach dem Intensiv, habe ich das Bedürfnis, Dir kurz zu schreiben. Ich kann nur sagen, etwas in mir wird weiter und weiter geöffnet. Es geschieht ganz »ohne mich«. Für den Körper ist es etwas schwierig. Deine eindringlichen Worte haben sich in jede Zelle eingebrannt. Dieses Mal spürte ich Deine Lichtkraft viel stärker auf mich einwirken als jemals zuvor. Dies ist tatsächlich kein Kindergarten, kein Wohlfühl-Club, wie Du sagst!

Ja, zu den Zusammenkünften von Meister M zu gehen, hat Konsequenzen, da ist nichts Zufälliges. Ich fühlte, dass es um etwas unendlich Großes geht. Alles, woran ich mich überhaupt erinnere, ist, dass du über den Tod sprachst. Denk- oder Erinnerungsprozesse sind in Deiner Anwesenheit nicht möglich. Auch der alte Wunsch, alles verstehen zu wollen, ist erloschen und ausgeschaltet. Ein ahnendes Lauschen, ganz fein, öffnet sich in meinem Herzen.

7. September 2005

Tiefer Glaube, Vertrauen und das Wissen Deiner Liebe zu uns sind in mir entstanden. Ich weiß jetzt, dass Deine Korrekturen aus Deiner unendlichen Liebe kommen und ich mir das Leid selbst erschaffen habe. Ich lege mein Herz zu Deinen Lotosfüßen nieder, bitte nimm es an!

9. September 2005

Diesen Brief werde ich in der Du-Form an Dich richten. Man hat mich zwar belehrt, dass das »Sie« die korrekte Anredeform ist, wobei mir dies in Deinem Fall nicht möglich ist. Du bist immer da, und ich »spreche« ständig mit Dir. Da ist so viel Nähe und Vertrautheit, dass das

»Sie« eine Distanz schaffen würde, die gar nicht vorhanden ist. Im Juni 2004 in Germering war ich das erste Mal bei einer Zusammenkunft und hatte das tiefe Gefühl, Dich schon seit Ewigkeiten zu kennen. Es war wie endlich nach Hause zu kommen! Seit Juni dieses Jahres bist Du ständig da, untrennbar mit meinem Leben verbunden. Es gibt keinen Augenblick, in dem Du nicht da bist. Ich spüre Deine unendlich liebevolle »Hand« in so vielen Dingen. Ich kann es nicht erklären oder in Worten ausdrücken. Ich weiß jedoch ganz sicher, dass Du da bist. Mein Leben hat sich schon sehr verändert, vieles löst sich auf und verschwindet einfach in Deiner Liebe. Mich hat niemals etwas tiefer berührt als Deine unendliche Liebe und Geduld. Ich durfte Deine heilige Kraft spüren, diese Augenblicke, in der Welt, aber nicht mehr von dieser Welt zu sein. Ich durfte in einem zarten Hauch spüren, dass das die Welt ist, in der Du bist.

Deine Liebe, Kraft und Geduld, Dein Licht berühren mich so sehr, Du bist so nah! Du verwandelst die Dinge. Dank Deiner unendlichen Liebe beginnt sich mein Leben zu ordnen, und das in einer Art und Weise, wie ich es niemals für möglich gehalten hätte, DANKE! Leider sind meine Worte völlig unzureichend, um all das auszudrücken, was ich Dir zutiefst sagen möchte. Andererseits weiß ich, dass Du genau weißt, was ich sagen möchte. Du kennst mich besser als ich mich selbst.

Ich lege mein Leben in Deine Hände!

10. September 2005

Über viele Jahre sind meine Frau und ich mehrere spirituelle Wege gegangen. Im *Lichtfokus* lasen wir zum ersten Mal Deinen Artikel über das »Licht der reinen Liebe« und fühlten uns sofort angesprochen. Dann lasen wir alle Deine Bücher und meldeten uns für die Zusammenkünfte in München und in Zürich an. Wir wissen, dass es eine besondere Gnade ist, einem kosmischen Meister, der auf der Erde ist, begegnen zu dürfen.

So bitten wir Dich um Deine Hilfe, um aus dem alten »Traum« zu erwachen, und bitten Dich, uns in Dein Herz aufzunehmen. Danke für Deine Liebe und das Ausgießen Deiner göttlichen Gnade!

19. September 2005

Als ich vor etwa zwei Jahren durch meine Freundin das Buch *Licht einer großen Seele* mit Deinem Foto auf der Innenseite in die Hand bekam, spürte ich, wie mir eine Wärme, eine helle Kraft entgegenströmte. Da wollte ich Dich beim nächsten Darshan sehen und erleben. Welch Liebe und Güte kam mir bereits auf dem Weg dorthin entgegen! Deine reine Anwesenheit durchdringt alle, und der Raum um Dich vibriert durch die universelle ausstrahlende Liebe und Güte, die du bist.

Was Du sagst, verstehe ich nicht immer, aber ich höre es, und es klingt wie liebliche, grenzenlose Musik in meinen Ohren. Seit dem letzten Intensiv in Zürich merke ich, dass sich mein Herz immer mehr öffnet, dass ich mich mehr und mehr zu ändern vermag. Ich spüre eine blühende Liebe in mir und verhalte mich auch liebevoller gegenüber den Mitmenschen.

24. Oktober 2005

Fast zwei Jahre sind vergangen, als wir im Dezember 2003 nach Germering gefahren sind. Mit einem Kopf voller Gedanken und Fragen sind wir Dir begegnet, hoffend, endlich nach Hause finden zu dürfen. Jahrelang haben wir gesucht und gesucht und vieles mitgemacht, aber nie hatten wir das Gefühl, hier bin ich richtig.

Was wir in den letzten zwei Jahren mit Dir erleben durften, ist mit Worten nicht zu beschreiben. Augenblicke, Momente, manchmal sogar Tage des tiefen inneren Friedens und der Liebe – so unbeschreiblich schön und von einer Tiefe, wie man sie nur mit Dir erleben darf. Dann wieder Stürme. Wie Orkane überfällt uns, was sich als Muster und Ängste wie Giftstacheln in uns eingenistet hatte. Aber immer wussten und wissen wir, dass Du, unser geliebter Meister, immer bei uns bist!

Ich kämpfe noch mit einigen Ängsten und mache mir manchmal Vorwürfe, nicht genügend Vertrauen und Demut zu haben. Nichts wünschen wir uns mehr, als mit Dir in Deinem Herzen den erlösenden Weg zu gehen. Jeden Tag bitten wir, dass sich unsere Bestimmung in Gott verwirklichen möge.

Liebster Meister, wir danken Dir aus tiefstem Herzen für Deine unendliche Liebe, die unermessliche Geduld, die Du mit uns hast, denn oft sind wir mehr als begriffsstutzig. Dich gefunden zu haben und Dein Herz betreten zu dürfen, ist das größte Geschenk!

2. November 2005

Meister M ist das göttliche Licht, Einheit mit allem, ein großer Mahatma. Jede Art von Sein wird im Kontakt mit Ihm an den Ursprung seines Seins erinnert und gesegnet. Was durch Ihn passiert, gleicht einem Wunder. Er offenbart heilige Stille und Kraft. »Dies ist unser königliches Erbe«, sagte Jesus Christus, und dies erlebe ich hier durch und mit Meister M. Dafür bin ich so unendlich dankbar und glücklich, dass ich die Fülle dieser Dankbarkeit nicht in Worten ausdrücken kann. Bei all den meisterlichen Lichtern ist er der einzige mir bewusste manifestierte Geist, der solch eine hohe und heilige Vibration in meinem Herzen entstehen lässt.

4. Dezember 2005

Ich weiß nicht recht, wie ich Dich nennen soll, unfassbar oder näher als nah. Ich bin so froh, dass ich Dir begegnet bin. Eigentlich war es eher wie ein Gerufen-worden-Sein. Gnade ist ein altmodisches Wort, aber mein Herz liebt es. Genauso, wenn Du dieses Wort »Einfügen« aussprichst. Ich kann nichts damit anfangen, aber da ist Resonanz in der Tiefe, da war sofort ein intuitives Wiedererkennen der Energie von »Einfügen« in mir. Ein wenig seltsam ist es, Dir zu schreiben, trotzdem ist da der Wunsch, Dir diesen Brief zu schreiben. Diese bedingungslose Liebe, es ist wie nach langer Zeit wieder nach Hause zu kommen und wieder zu erleben, wie es ist, wenn das Herz betet. Als Kind, als Jugendliche geschah es immer wieder, diese erlösende Umarmung. Manchmal intensiv und dann wieder ganz sanft, wie um mich nicht zu erschrecken. Ich nannte es Jesus, ich kannte nichts anderes. Damals sehnte ich mich danach, Ihm in seiner Lichtform zu begegnen, auch weil ich schrecklich einsam war.

Ich lese gerade das Buch *Licht einer großen Seele*, und ich weine und lache. Der Wind wird mir aus den Segeln genommen, plötzlich beruhigt sich ein Sturm, und es wird still. Ich glaube, es ist dieses Kind, das Dir vertraut, Dich in Unschuld liebt. Du bist stärker als alles Leiden und Du bist wirklich da.

14. Dezember 2005

Wahrlich, Du bist reines fürsorgliches Licht in Menschengestalt, und Dein Wirken bedarf keiner Worte, auch nicht meiner. Trotzdem danke ich Dir für all das, was ich in den letzten Wochen erfahren durfte. Ich verneige mich vor Dir in Liebe, Demut und großer Dankbarkeit.

16. Dezember 2005

Ich höre Dich und nehme ernst, was Du sagst. Ich selbst kann auch nur ahnen, was durch die kosmische Lichtkraft, die von Dir ausstrahlt, geschieht. Was ich in Deinen Darshans und den Zusammenkünften erfahre, ist sehr stark und hört nicht mehr auf, mich zu bewegen. Wie der Weg für mich weiter verläuft, weiß ich nicht. Ich bin hier und tue meine tägliche Arbeit in immer größerer Klarheit und Kraft. Es gibt nichts zu beschleunigen, alles muss in seiner Zeit reifen.

Ich bin in tiefem Herzenskontakt mit Dir, Meister M. Du erwärmst mein Herz. Die Liebe, die ich erfahre, ist überwältigend. Ich bin gestärkt und fühle eine bisher nicht gekannte Gelassenheit.

18. Dezember 2005

Ich bin Dir so dankbar für die beiden Treffen in Zürich und in Germering. Ich war dieses Mal so sprachlos über das, was geschehen ist, dass ich erst jetzt meinen Dank ausdrücken kann. Doch auch jetzt kann ich es in Worten kaum beschreiben. Ich hatte einige profunde Einsichten über mein Leben und wie meine Herzenswunde heilen kann – nämlich, indem ich aufhöre, Liebe zu wollen, und mein Wollen loslasse und Raum schaffe, damit Liebe sich in mir ereignen kann. Ich habe auch etwas davon begriffen, was es heißt, innerlich zu sterben. Manchmal wird mir bei dieser Frage schwindelig, manchmal bekomme ich große Angst, und dann wieder bin ich voller Vertrauen.

Lieber Meister M, ich bin so dankbar und fühle mich von Dir gesehen und gesegnet. Es ist für mich so wichtig, dass Du auf der Erde bist.

19. Dezember 2005

Zuerst möchte ich Dir etwas von meiner Vorgeschichte erzählen. Ich hatte Dein Interview im *Lichtfokus* gelesen und war aufgewühlt. Mir war klar, da ist alles gesagt. Deine Worte sind stark, und ich fühlte, dass jedes von ihnen wahr ist. Seit einigen Tagen wusste ich dann, dass ich

Dich jetzt endlich treffen möchte. Ich hatte Angst, und zugleich konnte und wollte ich nicht mehr länger warten. Ich hatte Angst davor, dass mein Lebenszwiespalt so mächtig offenbar würde, dass es mich zerstört.

Ich bin Schülerin in einer Mysterienschule, das ist auch der Grund, weshalb ich mir, seit ich zum ersten Mal von Dir gehört habe, noch nicht erlaubt hatte, Dir zu begegnen. Ich hatte Angst, dass ich dann nicht mehr weiß, mit welchem Lehrer ich sein möchte. So viele Verbote, so viele Urteile schon im Vorhinein, Schuldgefühle und Angst – das ganze Lebensverhinderungsprogramm lief ab. Mein Wunsch, Dir zu begegnen, wurde jedoch immer stärker. Ich musste einfach kommen und schauen, was dann ist.

Und dann war ich in München, in Deiner Nähe, und Du hast mich in meine eigene Nähe geführt, ganz nah. Als ich vor Dir stand, habe ich gespürt, wie sich mein Gesicht zu einer Lachgrimasse verzerrte, und es hat so weh getan, Dich nicht einfach anschauen zu können, einfach so, ohne etwas erzeugen zu müssen. Und es hat so gut getan, Dich so urteilsleer zu fühlen. Etwas, jemand Besonderes sein zu müssen, das ist ein so starkes Programm in mir. Wie sehr sehne ich mich danach, einfach zu sein, einfach da zu sein, die Dinge zu tun, die zu tun sind, und dieses starke Nein in mir endgültig schmelzen zu lassen.

Geliebter Meister M, während ich Dir schreibe, bin ich total berührt und weine. Ich will mich öffnen, damit Deine erlösende Arbeit in mir geschehen kann. Wenn ich jetzt an meinen Lehrer denke und an Dich, dann fühle ich im Moment keine Notwendigkeit, mich zu entscheiden. Aber ich weiß sicher, dass mein Herz mich zu Dir zieht und ich wiederkommen werde.

20. Dezember 2005

Du, Meister M, Perle des Universums, Hoffnung der Erde, Zuflucht aller Suchenden, in tiefer Demut verneige ich mich vor Deiner Göttlichkeit. Du, Licht aller Lichter. Du erhellst unsere Seelen und erhellst ihre

Ursprünglichkeit. Du treuer Freund, der Du bei uns bliebst, sogar als Dein geliebter Meister Dich in die Unendlichkeit mitnehmen wollte. Bitte, bleibe bei uns, der Himmel kann warten. Deine Güte, Dein Licht und Deine Liebe brachten mein Herz zum Explodieren.

Nach langen Irrwegen hast Du mich heimgeholt in Dein heiliges Herz, das mir Vaterhaus und himmlische Heimat ist. Ich suche nicht mehr, ich habe nur zu sein, zu lieben und mich in Dir zu erfreuen.

Ich habe die Welt verloren und den Himmel gewonnen.

22. Dezember 2005

Mit Respekt und Liebe möchte ich Dich ansprechen. Zuallererst einmal herzlichen Dank für den letzten Sonntag in Zürich.

Nach einer längeren Pause, mit dem wiederholten Lesen Deiner Bücher, hat es mich wieder zu Deinen Zusammenkünften hingezogen. Du hast mich in sehr vielen Punkten angesprochen. Ich durfte so viel Lichtkraft empfangen, dass es mir richtig gut geht. Danke! Es tut auch dem Ego gut, den Meister leiblich vor sich zu sehen. Danke für die tiefe Berührung, die ich am Sonntag und auch immer wieder in Deinen Büchern erfahren darf. Es hat wieder viel Licht in meinen Alltag gebracht.

Deine Einfachheit in der Größe wirkt tief.

26. Dezember 2005

In Deinen Augen leuchtet mir mein Herz entgegen. Ich folge dieser Tiefe, die Du bist, und finde mich in Dir. Mein Herz lege ich an den Saum Deines Seins. Jetzt erinnere ich mich wieder: Bei Dir ist mein Zuhause! Jeden Augenblick bist Du da und gewährst Deine segnende Hilfe. Wahrlich, das ist etwas Großes! Wenn Du mich rufst, näher zu kommen, dann bin ich bereit.

30. Dezember 2005

Die letzten Stunden im Jahr 2005 sind zu zählen, es war ein schwieriges Jahr für mich. Aber alle Zeiten haben zum Glück auch etwas Erfreuliches und Beruhigendes. Mitte des Jahres habe ich durch eine Freundin von Ihnen gehört. Es hat mich sehr interessiert, und ich habe mich sofort für die nächste Zusammenkunft in München angemeldet. Dann habe ich Ihr Buch *Licht einer großen Seele* gelesen. Sie sind sicher nicht erstaunt, dass es mich sehr verwirrt hat.

Mit großer Spannung bin ich mit meiner Freundin nach München gefahren. Ich hatte keine Ahnung, was mich erwartete. Während des Darshans ging auch ich wie alle Teilnehmer zu Ihnen nach vorne, ich hatte keine Vorstellung, was Ihre Gegenwart, Ihre Liebe, Ihr Licht und Ihre Kraft bewirken können. Als ich vor Ihnen stand, hatte ich das Gefühl, mein Körper entziehe sich völlig meiner Kontrolle und ich war innerlich in Aufruhr. Nachdem sich meine Tränen beruhigt hatten, fühlte ich eine ungewöhnliche Ruhe, Liebe Gelassenheit und Heiterkeit. Es war ein sehr befreiendes Erlebnis.

Am Sontag versuchte ich so viel Liebe, Licht und Energie aufzunehmen, wie es für mich möglich war. Es war aufrührend, aber sehr schön. Die nächsten Wochen hielten diese Gelassenheit und Liebe an. Leider haben das Weihnachtsfest und der Alltag mich mit meinen persönlichen Problemen wieder eingeholt und mir die Kraft und Energie genommen. Ich versuche nun, die Liebe, das Licht und die Kraft in Ihren Büchern zu finden.

Ich möchte mich auf diesem Weg für die Liebe und die heilige Lichtkraft, die Sie uns im Laufe des Wochenendes gegeben haben, bedanken. Es ist ein wunderschönes Geschenk, dass ich einen Menschen wie Sie kennenlernen durfte.

Bei einem Ausflug am Meer in Indien

Durch Geben und Teilen wird alles eins. In der Schöpfung herrscht nirgends Selbstsucht. Wer sich ganz der reinen Liebe zuwendet, hört auf, etwas anderes zu sein als reine Liebe.

Antelope Canyon, Arizona, USA

Wenn die Vorstellung und das Empfinden von Entfernung in dir gelöscht sind, dann ist der Ort, aus dem Raum und Zeit geboren werden, nicht mehr da. Sei grundlos glücklich und zufrieden!

12. Januar 2006

Aus dem Dunkel erwachen, aus den Träumen, die ich für Realität hielt. Dämmerung, wo bin ich, wer bin ich und das Wunder des Aufwachens. Ich versuche, etwas in Worte zu fassen, das mich sprachlos macht. Erahne in »lichten Momenten«, was Du sein könntest. Ich kann nur spüren wie ein Tier, dessen Körper erzittert, dessen Haare sich aufstellen durch eine Präsenz, die es erfasst und spürt, aber nicht begreifen kann. Eine Vorahnung. Du bist das Licht, das unter der Türschwelle hindurchschimmert. Gleißendes, strahlendes Licht bricht durch den Spalt herein und erhellt den Innenraum. Manchmal gehe ich verloren, verirre mich in meinen eigenen dunklen Gedanken. Durch die Begegnung mit Dir erkenne ich erst, was für einen Schwachsinn mein Verstand produziert, was für Horrorszenarien und pessimistische Aussichten. Ich klopfe an und bitte Dich, die Tür weit zu öffnen.

16. Januar 2006

Müde, den Tränen nah. Der Mensch ist so bedürftig, voller Hindernisse, von Stimmen und Ängsten vollgestopft, das Leben ist nicht einfach, die Seele weint! Meister M, Du bist wie ein Leuchtturm, der das Dunkel durchschneidet. Du bist gekommen und für uns geblieben, danke! Du bist das reine Wasser, das die trockene, rissige, ausgedörrte wartende Erde benetzt. Du bist die Melodie, die den Lippen entschlüpft, das Summen, das Singen, die Musik, die glückliche Momente begleitet. Du bist das Lachen, das für einen Moment alles Schwere vergessen lässt, das verbindet, befreit, das den ganzen Menschen erfasst. Du bist wie Balsam, der kühl die Haut berührt, entspannt, heilt, besänftigt. Du bist das Kommen der Liebe und das Gehen der Erwartungen und der Ängste. Du bist wie die Luft im Frühling, die die Sonne ankündigt und die Sinne streichelt, voller Leben und Vorfreude auf das Blühen, Wachsen, Ernten. Du bist die Liebe, die das wahre Menschsein in mir erweckt, die Hand, die sachte hält, in die man sich schmiegen kann, die, ohne festzuhalten, Halt gibt. Du bist die Geschichte, die am Ende gut ausgeht, das Wunder, durch das die richtigen Dinge geschehen können.

Unbegreiflich, zum Greifen nah bist Du, Du entschwindest meinem Verstand und tauchst in meinem Herzen wieder auf. Was für eine Gnade, dass Du noch hier bist, dass ich Dich erleben darf!

19. Januar 2006

Weihnachten fand für mich schon Anfang Dezember an der Zusammenkunft mit Dir statt. Reich beschenkt fuhr ich nach Hause. Das kostbarste Geschenk ist, dass es Dich gibt und dass Du zu uns kommst. Ich bin glücklich und dankbar, dass ich auch dabei sein darf – dass Du mich gefunden hast. In großer Freude bedanke ich mich ganz herzlich für Deine große Arbeit, Deine Geduld und Deine unermesslichen, unfassbar heiligen Gaben. Lichtdurchtränkt, von universeller Liebe berührt und mit frischer Energie versehen, hebe ich ab ins neue Jahr. Ich weiß, dass Du mich begleitest, und bemerke oder ahne Dein gigantisches Wirken.

15. Februar 2006

Danke für Eure Empfehlung. Dieses Buch von Meister M begleitet und nährt mich bereits seit gestern in jeder freien Minute. Die Worte und Taten von Meister M strömen in mich, mein Herz ist voll von Glück. Stille Tränen des Ankommens und der Erlösung finden ihren Weg nach außen, friedvolle Leere und Fülle hinterlassend. Nach diesem Ausmaß an Liebe, Tiefe, Klarheit, Fürsorge und Vollkommenheit habe ich mich stets gesehnt. Aber nach den jüngsten Erlebnissen bei einem anderen, sogenannten spirituellen Lehrer hatte ich die Hoffnung aufgegeben, jemals einem solchen wahren Meister zu begegnen, der zudem noch mitten unter uns ist und uns das, was er sagt, vorlebt.

17. Februar 2006

Ihr Buch *Im Land der Stille* bekamen mein Mann und ich von einer Freundin zu Weihnachten geschenkt. Sie wusste, dass wir die Bücher von Baird Spalding gelesen haben, und fand, dass dieses auch dazu passen würde. Welch ein Geschenk! Ich lese immer wieder darin und habe mir inzwischen auch Ihr *Licht einer großen Seele* besorgt. Sie kamen gerade zur rechten Zeit. Ich durchwandere dunkle Schattenzonen, von denen ich so leichtfertig dachte, sie wären nicht mehr da. Das immense Licht und die Liebe, die aus allen Zeilen Ihres Buches sprechen, fließen immer wieder aufs Neue in mich hinein und richten mich wieder aus.

Danke für die Klarheit und Reinheit und die Herzöffnung der reinen Liebe! Mir lag es sehr am Herzen, Ihnen dies mitzuteilen und Ihnen meinen tiefsten Dank auszusprechen.

1. März 2006

Gestern war ich noch so verzweifelt, da ich das Gefühl hatte, meine Arbeit nicht mehr bewältigen zu können. Ich hatte das Gefühl, für alle die Anlaufstelle für ihre Probleme zu sein, und für mich, so dachte ich, ist niemand da. Ich sagte mir: »Ich brauche jemanden, der mir Halt gibt.« Dann fuhr ich zum Einkaufen, um das bestellte Buch *Licht einer großen Seele* abzuholen. Ein Bekannter hatte mir von Meister M erzählt. Ich setzte mich zu Hause hin und begann zu lesen und konnte das Buch kaum noch aus der Hand legen. Nachts hatte ich Schwierigkeiten einzuschlafen, meine Gedanken und Gefühle waren so aufgewühlt. Kann es so jemanden wie Meister M wirklich geben? Es ist irgendwie, als hätte uns Gott einen neuen Propheten geschickt. Ich würde Ihn so gerne sehen, auch wenn ich nur bei dem Gedanken vor lauter Ehrfurcht ganz zittrig werde. Aber der Wunsch meines Herzens ist größer als meine Angst. Ich wende mich daher an Sie, die in seiner Organisation tätig sind, in der Hoffnung dass ich auch einmal an einer Zusammenkunft von Meister M teilnehmen darf.

20. März 2006

Dein Ruf wurde vernommen, und ich habe die nötigen Schritte eingeleitet, um zum Darshan und zur Zusammenkunft nach Zürich zu kommen. Aufmerksam auf Dich wurde ich über das Heft *Advaita*. Als ich das Interview mit Dir las, kam ein inneres Ja mit immenser Kraft in mir hoch. Dann Deine wundervollen Bücher, die diese mächtigen Ströme noch verstärken. Nach über vierzigjähriger Suche mit unzähligen Lehrern geschieht nun doch noch etwas Großes: die Begegnung mit Dir, dem reinen Sein! In meinem Leben sind momentan dramatisch erscheinende Prozesse am Laufen, doch seitdem ich zu Dir Verbindung habe, scheint sich hier vieles aufzulösen, was bestandslos ist.

19. Mai 2006

Einmal mehr und immer tiefer sehe ich die Gnade, die mir durch Dich zuteilwird. Ohne zu forschen und ohne mir unnötige Gedanken machen zu müssen, widerfährt mir das Höchste durch Dich. Meine Hingabe und mein Vertrauen haben ausgereicht, um die Wunder der Erlösung zu empfangen. Im Darshan war ich erst etwas irritiert, doch merkte ich bald, dass sich wieder eine neue Tiefe offenbarte – die reine Stille. Noch beobachte ich eine gewisse Ernüchterung, ein Empfinden einer überraschenden Einfachheit. Jetzt ist Stille da.

Danke für die tiefen Worte, die Du uns in Deinem Buch *Die Welt bist Du* vermittelt hast.

20. Mai 2006

Herzlichen Dank für Deine Liebe und Kraft, die Du für uns alle durch Dein Sein ausströmst. Deine Bücher, Zusammenkünfte und Darshans berühren mich tief, geben mir Kraft und zeigen, dass es wirklich möglich ist, zu erwachen und das Rad der Wiedergeburten zu beenden. Ich bin tief berührt von Deiner großartigen Arbeit.

5. Juni 2006

Ich bin Dir jetzt in München das erste Mal begegnet und war und bin sehr beeindruckt von Deiner wunderbaren Ausstrahlung und der Ruhe und Kraft, die sich mir mitgeteilt haben. Ich lese mit großer Freude *Im Herzen der Welt*. Da sich in München keine Gelegenheit ergab, Dir mündlich für dieses intensive, wunderbare Wochenende zu danken, möchte ich es jetzt gerne nachholen. Es ist wunderbar zu wissen, dass Du allen Menschen, denen Du einmal begegnet bist, bereit bist zu helfen. Ich habe innerlich schon manches Gespräch mit Dir geführt, ich hoffe, das ist in Ordnung.

17. Juli 2006

Nachdem ich Dein neues Buch drei Mal in mich aufgenommen habe, kann ich nicht mehr länger warten, Dir meinen tiefinnigsten Dank dafür auszusprechen. Danke, dass Du Deinen Himmel mit uns teilst.

Danke, dass Du uns an Deinem göttlichen Aufstieg teilnehmen lässt. Danke, dass Du in uns die unbändige Vorfreude nährst auf das, was das Universum für uns alle bereithält, sofern wir denn bereit dazu sind.

Du hast den Himmel auf die Erde geholt. Dein Buch *Im Herzen der Welt* ist eine kostbare Schatztruhe, gefüllt mit göttlichem Nektar. Deine wunderbaren Schilderungen nehme ich wie köstliches Amrita in mich auf. So das Universum es für mich geplant hat, werde ich im Dezember nach München kommen.

Ich freue mich darauf, Deinen Atem zu atmen und im Licht der Lichter zu versinken. Bis dahin will ich mich weiterhin an der täglichen Kommunikation mit Deinen heiligen Augen auf dem Foto laben und meine Seele nähren.

19. Juli 2006

Als ich zum ersten Mal Dein neues Buch *Im Herzen der Welt* las, ahnte ich nicht, dass sich beim Lesen dieses gigantischen Lichtwerks tatsächlich das Tor ins heilige Universum öffnen könnte. Ich finde keine Worte, um zu beschreiben, wie dankbar ich Dir für dieses heilige Juwel bin. Noch ein paar Seiten und ich habe es zum dritten Mal gelesen, wobei ich schon wieder begierig darauf warte, von vorne beginnen zu können.

27. Juli 2006

Für das tiefe und kostbare Buch, das Du geschrieben hast, danke ich Dir herzlich. Mich überkam Traurigkeit bei der Mitteilung, dass Du das letzte Mal unter uns auf der Erde weilst. Gleichzeitig habe ich die immense Schönheit dieses Planeten in meinem Innersten gespürt. Ein anderes Mal habe ich den ganzen Spuk, in dem ich lebe, klar gesehen, dieses schattenhafte Gebilde, an dem ich hänge und an das ich gefesselt bin. Leider hat sich vor diese Klarheit wieder ein Nebel geschoben, den ich noch nicht überwunden habe. Ja, Deine selbstlose Liebe führt mich immer tiefer in das immense Licht und in die kosmische Gnade, die Du verkörperst.

Ich danke Dir, dass ich bei Dir sein darf.

1. September 2006

Danke, tausendmal danke für alles, was Du für uns tust. Tausendmal danke, dass Du hier auf Erden bist, in der Zeit, wo auch ich hier »gelandet« bin. Was für eine Gnade! Ich weiß es zu schätzen. Und auch tausendmal danke für die schönen Bücher, die Du geschrieben hast. Sie treffen mich tief ins Herz. Ich bin das dritte Mal bei Dir und zum ersten Mal beim Intensiv. Das kann man laut sagen: intensiv! Mein Leben ist eigentlich ein Scherbenhaufen, wenn ich zurückblicke. Aber dass ich zu Dir gefunden habe, tröstet mich über alles hinweg. In der letzten Pause setzten meine Freundin und ich uns eine Weile vorne in die erste Reihe. Wir wollten in Deiner Energie baden. Was für eine immense heilige Kraft! Ich habe es kaum ausgehalten. Du hast mich kurz angeschaut, ich fand mich so unwürdig Dir gegenüber, trotzdem tausend Dank dafür.

Das gemeinsame Schicksal mit meinem Vater war alles andere als erlöst. Nach vielen Jahren voller schrecklichem Hass und Aggressionen seinerseits gab es plötzlich und völlig unerwartet eine Wende. Er hat sich vor ein paar Wochen mit mir versöhnt. Ich weiß, dass dies durch Deine Gnade geschehen ist. Ich kann es kaum glauben.

Ich lege mich zu Deinen Füßen, ich meine es so, und danke Dir von ganzem Herzen für alles, was Du für mich und für uns getan hast. Wie gerne wäre ich in Deiner Nähe, um Dir zu dienen – wer möchte das nicht? Aber Du bist ja bei uns.

5. September 2006

In den Sommermonaten des Jahres 2005 habe ich zwei Interviews, die Sie der Zeitschrift *Lichtfokus* gegeben haben, gelesen. Obwohl ich schon sehr viele Bücher und Zeitschriften zum Thema Esoterik, Lichtarbeit usw. gelesen habe, hatte ich bis zu diesem Zeitpunkt noch nie irgendwelche Vorträge, Kurse und dergleichen zu diesen Themen besucht. Von Ihren Interviews fühlte ich mich aber zutiefst berührt und angesprochen, sodass ich mir Bücher von Ihnen besorgte, um mehr über Sie zu erfahren. Auch wusste ich, dass ich unbedingt eine Zusammenkunft mit Ihnen besuchen wollte.

Im Dezember 2005 war es dann so weit, ich kam nach Germering, und seitdem fühle und spüre ich deutlich, dass dies mein Weg ist. Seit dieser Zusammenkunft hat sich sehr vieles in meinem Leben verändert, alles wunderbare Veränderungen, die ich hier nur sehr schwer beschreiben könnte.

7. September 2006

Meister M, strahlender Stern im heiligen Universum! Deine Autobiografie hat mich tief bewegt und erneut Fragen entstehen lassen. Doch diese sind nur Wellen des ständig aktiven Denkorgans. Die Freude des Herzens ist größer, und langsam lösen sich auch die Fragen auf. So staune ich wie ein kleines Kind über Deine unfassbaren Schilderungen, die Tränenströme auslösen und mein Herz tief berühren. Möge der bereits festgelegte Tag, an dem Du Deinen Körper endgültig verlässt und Deinen letzten sanften Blick verströmst, noch in weiter Ferne sein! Und möge mein Vertrauen in die unendliche leuchtende Kraft Gottes in mir gefestigt und ich dort gestärkt werden, wo Schwäche vorherrscht!

In diesem Erdenleben bist Du meine Leuchtspur, wie der Stern von Bethlehem, und erfüllst mein Herz mit Deinen »Perlen der Liebe«.

Der Gedanke, jemals von dem, was Du für mich bist, getrennt zu sein, ist schmerzlich. So führe mein Herz, geliebter Meister, ins »Land der Stille«, in dem es lautlos singt und strahlt in Dir!

8. September 2006

Ich wünsche mir in meinem fortgeschrittenen Alter eine Unterstützung, die hilft, meine Vergangenheit, die der alten Zeit angehört, verdunsten zu lassen. Meister M hat mich so tief in meinem Inneren berührt, so sehr, dass ich bereit bin, meinen Lebenskampf aufzugeben. Das Zusammensein mit Ihm ist Heilung für meine verschüttete Seele. Seine Worte gleißen wie sprühende Funken in mein Zellsystem und rütteln mich aus meinem Tiefschlaf. Ich habe geglaubt, dass ich in meinem Leben Verantwortung übernehme, dabei erkenne ich wieder meine Anpassung an Systeme, an Ängste und bin in Benommenheit und Ausweglosigkeit gefangen. Wenn Meister M von Kraft, Dienen und heiligem Licht spricht, dann sind diese Schwingungen in mir. Sie machen mich weit und helfen mir, zu erkennen, dass Meister M das Naheste in meinem Herzen ist. Seit der Begegnung mit Ihm fühle ich mich in meinem Alltag geborgener und getragen. Ich fühle mich dem Meister nahe, und diesen Impuls möchte ich intensivieren.

Ich wünsche mir, mit Seiner Unterstützung Gott in mir zu begegnen und mir selbst zu vertrauen.

13. September 2006

Während ich diese Zeilen schreibe, kämpfe ich innerlich noch mit Widerständen, die verhindern wollen, dies zu tun. Aber seit der ersten Begegnung mit Ihnen, anfänglich über Bücher und Texte und später bei den Zusammenkünften, hat ein Funke in mir zu leuchten begonnen.

Das, was Sie sagen, öffnet einem die Augen und außerdem erzählen Sie Superwitze. Eine feine Energie hat mich berührt, die ich manchmal mehr und manchmal weniger spüre. Beim letzten Darshan in München, als Sie meinen Energiekörper berührten, hatte ich das Gefühl, mich innerlich aufzulösen. Ich weiß nicht, was auf mich zukommen wird, aber ich weiß, dass es reine Gnade ist.

14. September 2006

Die spirituelle Arbeit mit Dir wird von einer Zusammenkunft zur nächsten immer intensiver. Es ist so wunderbar für mich, immer wieder spüren zu können, wie präsent Du in meinem Herzen und in meiner Familie bist. Ich möchte Dir bei dieser Gelegenheit von ganzem Herzen für dieses wunderbare Beisammensein danken. Ich bin jedes Mal aufs Neue erstaunt, mit welcher Intensität und Liebeskraft Du meine Seele durchströmst und mir dabei hilfst, still zu werden. Ich dachte früher, ich müsste alle möglichen Tätigkeiten und Anstrengungen in Kauf nehmen, um mich weiterentwickeln zu können. Umso größer ist Dein Geschenk an mich, wieder normal werden zu können. Durch Deine Arbeit ist sehr viel Druck von mir abgefallen. Das Leben mit meinem Mann und unseren Kindern ist durch Dich und Deine Hilfe um vieles entspannter und harmonischer geworden. Es ist gar nicht so einfach für mich, meine Gefühle niederzuschreiben, zumal ich davon überzeugt bin, dass Du mich ohnehin genau kennst und weißt, was in mir vorgeht. Vielen Dank für Deine Liebe.

16. September 2006

Das Buch *Licht einer großen Seele* verteile ich fleißig. Ich bin zutiefst berührt von den Begegnungen mit Meister M. Welch eine Gnade, welch immense Freude! Meine Freunde erhalten beim Lesen tiefste Erleuchtungsmomente, und in mir schmelzen alle inneren Verhärtungen dahin. Ein tiefes Sehnen nach *dem*, was wirklich ist, bewegt mein Herz!

25. September 2006

Seit Jahren fühle ich mich von Dir begleitet. Alle Deine Bücher zählen für mich seit Langem zu einem Schatz der besonderen Art. Auch die Momente während der Zusammenkünfte, mit Dir in einem Raum zusammenzusein, erlebe ich als zutiefst berührend. Die Dankbarkeit für alles, was mit Deinem Wirken in Zusammenhang steht, kann ich mit Worten nicht wirklich ausdrücken. Ich verneige mich tief. Das Buch *Im Land der Stille* und auch die Berichte Deiner Schüler in *Licht einer großen Seele* sind für mich regelrechte Lehr- und Arbeitsbücher geworden. Vieles hat sich dadurch für mich geklärt. Und nun auch noch Deine Autobiografie *Im Herzen der Welt*. Jetzt verstehe ich, warum Deine Worte so kraftvoll und erlösend auf mich wirken. Danke für diesen ehrlichen Bericht. Das befreit wirklich.

Mir haben zu keiner Zeit irgendwelche romantischen spirituellen, schnörkeligen Geschichten oder Methoden weitergeholfen. Deine Art, die Dinge auf den Punkt zu bringen, schmerzt zwar das Ego, doch *das*, was wir alle wirklich sind, kommt dadurch klar zum Vorschein.

Die Worte in der Einleitung zu Deiner Autobiografie: »Wenn ein Mensch für einen kosmischen Auftrag in die Öffentlichkeit geführt wird, dann ist dies nie eine persönliche Entscheidung. Es gibt Anfeindungen, Verleumdungen, hinterlistige Intrigen von Menschen, die die Botschaft des Lichtes und der Liebe nicht annehmen können oder wollen«, lösen bei mir immer wieder eine tiefe Berührtheit und Tränen aus.

Danke Dir für Deine Begleitung während einer sehr, sehr schwierigen Zeit. Ich habe wohl auch deshalb vom Selbstmord ablassen können. Da spürte ich deutlich, welch enorm erlösende Kraft und bedingungslose

Liebe von Meister M ausgeht. Du hast mir im Jahr 2003 in einem Antwortbrief Folgendes geschrieben: »Wer wirklich mein Herz betritt, braucht sich nicht mehr zu fürchten« und »Es braucht Geduld, bis Geduld zu spiritueller Schönheit wird.«

Es hat eine Weile gedauert, bis sich meinerseits mein Herz für diese Art Liebe öffnen konnte.

9. November 2006

Vor etwa zwei Jahren zeigte mir eine Freundin ein Foto von Dir. Ich sah Dein herzliches Lachen, es strahlte innere Freude aus. Sofort dachte ich, dass ich Dir begegnen möchte. Bis dahin war ich gar nicht bewusst auf der Suche nach einem Meister gewesen. In München betrat ich diese große Halle und war gleich überströmt von unendlicher Liebe. Ich war angekommen – nach einer langen Reise, die ich nie bewusst angetreten hatte. Das besondere Merkmal der Menschen, denen ich begegnete, waren eine innere Achtung und strahlende Augen. Als ich Dich sah, verdichtete sich der Raum mit einer leuchtenden, intensiven Energie, die ich nicht beschreiben kann, da ich sie nicht zuordnen kann.

Ich musste Dich andauernd anschauen. Dann blicktest Du mich beim Darshan an, und Deine Augen zwinkerten im gleichen Rhythmus, wie ich zwinkern musste. Für mich war das so, als würdest Du mich willkommen heißen. Deine Augen funkeln und glitzern, wenn Du uns den göttlichen Funken überträgst. Es war, als würde mir eine unendliche Weite und Tiefe gezeigt, die mich tief berührte. Dann vibrierte mein ganzer Körper, und ich spürte, wie Veränderungen in mir passierten, so als würde etwas erneuert werden. Die Veränderung in mir verspüre ich nun auch zu Hause und in meinem Alltag. Etwas Neues, Unerklärbares wächst in mir heran.

Ich möchte Dir danken für Deine unermüdliche Geduld und für das, was Du für mich und für uns alle tust.

21. November 2006

Vor zwei Wochen habe ich Dein Buch *Im Herzen der Welt* zu lesen begonnen. Es hat mich so urgewaltig gepackt wie noch nie ein anderes Buch. Ich bin tief beeindruckt, begeistert und beglückt. Wenn ich mir, gemessen an Deinen allerhöchsten spirituellen Sphären, ganz klein vorkomme, so muss ich andererseits erst recht aus meinem allertiefsten Herzensgrund Gott danken, dass ich Dir begegnen und Dir menschlich so nahe kommen durfte.

Die Tatsache, dass Du in Deinem letzten irdischen Leben auf der Erde weilst, gibt mir viel zu denken. Ich bin jetzt an die achtzig Jahre alt, und ich werde wohl lange vor Dir sterben. Und wenn ich dann wieder inkarniere, werde ich Dir nicht mehr hier begegnen können, weil Du mit übermenschlichen großen Aufgaben am Werke sein wirst. Und wer weiß, wie manches Leben ich noch durchlaufen muss, um spirituell reif genug zu werden, um frei von den Wiedergeburten zu werden.

Lieber Meister M, die letzte Zusammenkunft war bewegend und packend. Beim Darshan habe ich Deine enorme Konzentration bewundert. Es war ergreifend, zu beobachten, wie so viele Menschen so lange Stunden an Deiner wohltuenden Stille teilnehmen konnten.

22. November 2006

Ein wundervolles Gefühl nach den zwei Tagen mit Meister M. Mein Herz fühlt sich wohlig warm an, und ich fühle mich wie von einer kuscheligen Wolke eingehüllt. Ich habe an diesem Wochenende ein Stück Ewigkeit erfahren dürfen. Glückseligkeit und Wohlgefühl erfahre ich manchmal auch sonst, aber diese zwei Tage haben mich fasziniert. Vor allem, weil diese enorme Menschenmenge mich nur positiv berührt hat. Was ich auch sehr eindrücklich fand, war die tiefe Stille, kurz bevor der Meister den Raum betrat. Ohne ein Wort zu sprechen, war die große

Menschenmenge mucksmäuschenstill. Absolut schön, zu sehen und zu erleben, wie Gedankenkraft und Liebe funktionieren. Nach so vielen Stunden zwickt und zwackt es meistens irgendwo im Nacken, oder der Rücken wird schwer. Ich habe auf dem Nachhauseweg festgestellt: Nirgends ein Zwicken oder Zwacken, der Körper fühlte sich absolut erholt und gut an.

10. Dezember 2006

Die Zusammenkunft in Zürich ist jetzt schon drei Wochen her, und ich möchte mich bei Ihnen bedanken. Nun da ich hier sitze und an Sie denke, füllen Tränen der Dankbarkeit meine Augen. Es ist, als ob ich Sie in mir fühlen könnte. Meine innere Verbindung zu Ihnen hat damit begonnen, dass ein Bekannter mich auf Sie aufmerksam gemacht hat und ich Ihr Buch *Im Land der Stille* gekauft habe. Als ich mich Ende September für eine Woche in einem Kloster aufhielt, las ich es. Schon hierbei haben sehr starke Veränderungen in meinem Bewusstsein und meiner Wahrnehmung stattgefunden.

Bei einem Spaziergang durch den Wald konnte ich zum ersten Mal wirklich fühlen, dass durch die Bäume und Pflanzen und durch mich das gleiche Allseiende strömt. Als ich dann das erste Mal vor Ihnen stand, war ich wohl etwas zu verkrampft, um Ihr Licht auch nur annähernd wahrnehmen zu können. Danke nochmal für den mit Lichtkraft geladenen Keks, den Sie mir geschenkt haben. Die Energie durchspülte wie ein Reinigungsmittel die zähflüssige Masse meiner inneren Kanäle und Blutbahnen. Als Sie am Sonntag den Saal betraten, war ich entspannter und fühlte das heilige Licht, das von Ihnen ausstrahlt. Tränen des Gerührtseins flossen mir übers Gesicht, reine Gnade! Dieses Gefühl hatte ich in meinem Leben erst einmal. Das war, als Jesus Christus bewusst bei mir war. Mehr kann ich im Moment darüber nicht schreiben, da Worte dies nicht fassen können.

11. Dezember 2006

Noch ganz durchdrungen vom vergangenen Wochenende mit Meister M in Germering möchte ich Sie von seiner Organisation bitten, mir ein Anmeldeformular für die kommende Zusammenkunft in Zürich zu senden. Die Art und Weise, wie Meister M die Stadthalle mit weit über tausend Menschen allein durch seine Anwesenheit in einen Tempel verwandelte und ein solch intensives, leuchtendes Kraftfeld aufbaute, das hat mich wirklich tief beeindruckt.

12. Dezember 2006

Danke für die große Kraft, die mich stets begleitet. Danke, dass ich durch diese erlösende Kraft selbst herausfinden kann, was für mich richtig ist. Danke für das Aufflackern und anschließende Löschen alter Egostrukturen durch diese heilige, erlösende Kraft, auch wenn die Prozesse oft sehr unbequem und schmerzhaft sind. Danke für diese große allumfassende Liebe, in der mein verhärtetes Herz immer mehr aufweichen darf.

Danke für Deine innere spirituelle Begleitung, die nicht in Worte zu fassen ist. Danke für Dein DA-SEIN.

14. Dezember 2006

Ich möchte mich ganz herzlich bei Ihnen bedanken für die tiefe Arbeit, die Sie für so viele Menschen tun und auch für mich. Ich verstehe zwar immer noch vieles nicht wirklich, staune aber, welche Güte, Klarheit und Liebe sich in meinem Leben entwickelt. Bei den letzten zwei Treffen in Zürich und Germering fühlte ich mich von Licht durchströmt, und ich wusste plötzlich, dass alles gut ist, dass alles Lebendige einen guten Weg nimmt. Ihre körperliche Fragilität hat mich tief berührt, und ich bin so dankbar, dass Sie trotzdem gekommen sind, trotz der offensichtlichen körperlichen Strapazen. Ich weiß, dass Ihr Körper eine Manifestation der Totalität ist und Sie gänzlich unpersönlich sind, dennoch tut es mir jedes Mal so gut, Ihnen persönlich begegnen zu dürfen.

16. Dezember 2006

Seit dem Darshan mit Dir in München vollzieht sich in mir der Zusammenbruch von Konzepten und auch von dem, was ich bei meinem bisherigen spirituellen Lehrer alles gelernt habe. Dein Schwert der Liebe hat mich getroffen, und ich stehe mit leeren Händen und offenem Herzen da und bin bereit. Es gibt eine Dringlichkeit, Dir nahe zu sein. Seit zwanzig Jahren bin ich auf der Suche nach der Wahrheit. Für Momente wurde sie mir geschenkt, doch ich war nicht fähig, ihr treu zu bleiben. In den letzten Monaten wurde meine Verunsicherung immer größer, ich zweifelte an der Art der spirituellen Arbeit meines Lehrers. Freunde von mir, die Deine Zusammenkünfte besuchten, waren mir eine große Unterstützung in dieser Phase des inneren Ringens.

Die Begegnungen mit Dir in München und beim Intensiv in Zürich haben das Feuer der Sehnsucht nach Erfüllung und Vollendung in einer Tiefe berührt und geweckt, die mir bisher unbekannt war.

17. Dezember 2006

In tiefer Demut berühre ich Deine heiligen Füße. Gesegnet die Erde, über die sie schreiten; gesegnet die Menschen, zu denen sie Dich tragen! Gesegnet bin ich, dass ich Dich finden durfte, Du mein Vollender, Du mein Erlöser, Du meine Freude, Du meine Wonne.

Du hast meiner Suche auf esoterischen Märkten ein Ende gesetzt. Eine Entleerung war bitter nötig. Deine Bücher kenne ich inzwischen fast auswendig, aber ich werde nicht müde, mir daraus immer wieder aufbauende Kraft und Lebensmut zu holen. Sie sind mehr als pures Gold wert. Deine Fotos sind meine tägliche Quelle, aus Deinen Augen tanke ich das Licht, das meine Seele und auch meinen Körper nährt. Ich freue mich immer königlich, wenn ich in Deinen Interviews lese. Deine Antworten sind oft von herzerfrischender, brutal entblößender Nüchternheit – einfach toll!

Du bist mir näher als Hände und Füße, Du bist mir näher als mein Atem.

20. Dezember 2006

Du hast uns das Manna gegeben, das Brot des Himmels. Deine Unterstützung ist wirklich grenzenlos. Unsere Tochter hat ihre schwere Lebenskrise nun erst einmal durchschritten. Beiden Kindern geht es seit zwei Monaten gut, die Pubertät hat sie verwandelt. Mögen sie im Herzen des Universums, das Du bist, behütet sein! Aus Deinem neuen Buch quillt so viel Liebe, ich konnte nicht mehr aufhören zu lesen. Danke, dass Du uns mitnimmst auf die Reise zum Ende der Welt, zum Ende der Missverständnisse und des Leidens. Deine Leuchtspur hat sich eingeätzt in mein Blut. Wahrlich, ein Geschenk des Himmels!

25. Dezember 2006

Immer wieder verneige ich mich vor Deiner Größe, verehrter Meister! Du Licht der Weihnacht, Licht meines Lebens, Licht allen Lebens! Groß und unaufhaltsam sind mein Dank an Dich sowie meine Herzensliebe zu Dir. Mögen die Begegnungen mit Dir nie enden!

27. Dezember 2006

Als Allererstes möchte ich mich von ganzem Herzen für das bedanken, was Du in mir bewirkst. Es begann damit, dass ich ein Buch von Dir, *Im Land der Stille*, von einem Freund geliehen bekam. Das war Anfang des Jahres. Beim Lesen wurde ich bereits von wunderbarer Energie durchflutet, die mich erahnen ließ, dass mehr dahinterstecken muss als nur eine schöne Geschichte. Nachdem ich bei Deiner Zusammenkunft in München war, gab es keine Zweifel mehr. Seitdem empfinde ich, als wärst Du ständig anwesend in mir. Es ist eine innige Verbindung, wie ein Band, das seit ewigen Zeiten besteht. Häufig fühle ich mich von Deiner Energie berührt, die mich an mein wahres Zuhause erinnern möchte, auch wenn es wahrscheinlich nur ein Bruchteil dessen ist, was ich in Wirklichkeit bin. Es ist wunderschön.

Mittlerweile habe ich fast alle Bücher von Dir gelesen. Die Berührungen, die immer wieder in meinem Wesen stattfinden, sind von ganz besonderer Art. Manchmal ist es innigste Liebe, die da fließt, manchmal übergroße Dankbarkeit, ein anderes Mal scheint mein ganzer Körper zu vibrieren.

In Peru auf einer Insel im Titicacasee auf 4300 m ü. M.

Darshan 2014

Wenn die Liebe die Erde berührt, dann wird alles neu.
Geläuterte Augen schauen die unermessliche Schönheit
und Kraft, die allen Lebensformen innewohnt. Respekt
und Achtung für die Schöpfung und alle Lebewesen
führen zu dieser himmlischen Schau.

Wenn der Wunsch, Äußeres zu sehen, verschwindet,
wird innere Schönheit offenbar.

19. Februar 2007

Heute möchte ich Ihnen einmal herzlich für die perfekte Organisation Ihrer Zusammenkünfte danken. Ich weiß, dahinter steckt enorm viel Arbeit und Hingabe. Es berührt mich immer tief, mit wie viel Liebe und feinsinnigem Humor Sie und auch die anderen in Ihrem Team miteinander kommunizieren. Alles geschieht sehr leise und ohne spürbare Hektik. Ich fühle mich in der Stadthalle von Germering, sobald ich sie betrete, immer gleich sehr wohl und anderen Menschen, mit denen ich dort gesprochen, geht es ebenso. Auf diese Weise lernt man Sie mit der Zeit kennen. Vor allem auch bei den Verfassern der Berichte in *Licht einer großen Seele* sehe und spüre ich deutlich, wie weit sie schon in ihrer spirituellen Ent-wicklung fortgeschritten sind. Das macht Mut und schenkt jedem Neueinsteiger Zuversicht.

13. Mai 2007

Aus tiefem Herzen möchte ich Dir danken für Dein Wunder offenbarendes Wirken. Aus den dunklen Schluchten meines vergänglichen Egos holst Du in mir die verschütteten, vernebelten, verletzten Gefühle und Gedanken hoch. Oft ist es schmerzhaft. Es beeindruckt unermesslich tief, wie Du in Deinem fragilen Körper diese enorme Lichtkraft offenbarst. Es macht demütig zu erkennen, wie Du Dich von der fixierten Identifikation mit Deiner körperlichen Erscheinung gelöst hast. Es untermauert beeindruckend Deine Aussage, dass wir ja eigentlich nicht die vergänglichen Körper sind. Du bist der sichtbare Beweis dafür.

In Dir offenbart sich das große Vorbild der heiligen Kraft der Erlösung. Das ermutigt, das Ego zu erkennen und Altes loszulassen. Was kann es Höheres geben, als sich als erlöste Anwesenheit der größten Liebeskraft zur Verfügung zu stellen. Du motivierst sehr dazu, und ich bin Dir sehr dankbar dafür. Wie dringend brauchen wir Menschen doch

Trost, Kraft und Zuversicht, um zu unserer wahren geistigen Heimat zu finden. Du leistest eine riesige Arbeit darin.

18. Mai 2007

Durch Dein Leuchten und Deinen vollkommenen, vollendenden, allumfassenden Glanz habe ich erfahren dürfen, was es bedeutet, Liebe wirklich zu fühlen. Ich bedanke mich für Dein Wirken, Dein Sein, Du großes Licht der Welt.

21. Mai 2007

Sie erzählten einmal, dass Sie viele Hunderte von Briefen erhalten, die ausschließlich von Problemen handeln, die nichts mit Ihrer spirituellen Arbeit zu tun haben. Sie sagten, dass Sie weder ein Arzt noch ein Psychiater noch ein Medium seien.

Nun möchte ich Ihnen gerne einen anderen Brief schreiben und Sie an dem Wunderbaren teilhaben lassen, das Sie für mich möglich gemacht haben. Beim Darshan in Zürich sandten Sie mir einen sehr machtvollen energetischen Impuls, danach das Intensiv und das Säen der Saat. Diese ging schon auf der Rückreise mit der Bahn auf. Zunächst realisierte ich, was die Spiegelungen im Bewusstsein bedeuten, etwas, das ich bislang nie erfassen konnte, und plötzlich war ich im erwachten Zustand. Dieser Zustand war unbeschreiblich und so ganz ohne meine Person, einfach zauberhaft. Er hielt bis zum nächsten Tag an. Leider rutschte ich durch die berufliche Tätigkeit wieder heraus, zumindest kam es mir so vor. Ihre Perlen der Liebe erblühen für mich in neuer Tiefe; ich liebe dieses Büchlein *Die Welt bist Du*. Es ist mein ständiger Begleiter und spielte beim soeben Geschilderten eine wichtige Rolle als Wegbereiter.

Ich möchte mich bei Ihnen zutiefst bedanken. Ihre Arbeit ist höchste

Gnade, und ich weiß gar nicht, mit welchen Worten ich Ihnen ausreichend danken könnte. Aber ich tue es jetzt aus tiefstem Herzen: DANKE! Größtes Vertrauen erfüllt mein Herz, und nach diesem Erlebnis weiß ich, dass es gar nicht des Mutes bedarf, um dem senkrechten Weg zu folgen.

27. Mai 2007

Ich danke für all die heilige Kraft, die ich wahrnehme, wenn ich an Dich denke. Ich danke Dir für alles, was du für die Menschheit tust: für das Licht, die Liebe, den Segen, den Du über uns fließen lässt, den Frieden, die Freude und die Heiterkeit, die Du ausstrahlst. Die Losgelöstheit, mit der Du uns begegnest, und die Wärme und Geborgenheit, die Du uns schenkst, sind wunderschön.

Ich sehne mich so sehr danach, dass der Schleier der Täuschung endlich zerreißen möge, und bitte Dich, mich weiterhin zu begleiten und mir den Weg in die endgültige Freiheit zu weisen.

Ich verneige mich vor Dir in Demut und Dankbarkeit und freue mich sehr auf die Zusammenkunft in zwei Wochen.

30. Mai 2007

Danke für die kostbare, tiefe Begegnung! Der Klang Deiner Stimme bedeutet mir mehr als die schönste Musik. Das tiefe Erleben ist als Erinnerung, trotz aller Sehnsucht, jedoch leider nicht wiederholbar – kein Nachklang. Auch Dein erweckender, blendender Blick aus unergründlichen Tiefen lässt sich in Gedanken nicht wiederholen. Also zählt nur das Gegenwärtige.

Ich verneige mich tief vor Deiner Größe, die DAS, was wirklich ist, beinhaltet, das aber trotz allen Sehnens unfassbar bleibt. Lass mich Deinem Herzen immer nahe sein!

12. Juni 2007

Ich möchte mich bei der Organisation herzlich bedanken, dass ich für die Zusammenkunft in München noch einen Platz bekommen habe. Das war für mich so unfassbar schön, dass ich vor Freude geweint habe! Die Arbeit mit Meister M ist für mich die einzige Konstante in meinem Leben geworden, die tobenden Stürme in und um mich herum kümmern mich immer weniger.

14. Juni 2007

Ein Freund von uns besuchte dieses Frühjahr Ihre Zusammenkunft in Zürich. Als kleine Gruppe treffen wir uns einmal im Monat, und dabei erzählte er uns von diesem Treffen mit Ihnen. Es war gut zu spüren, wie tief es ihn berührt und beeindruckt hat. Oft fehlten ihm auch einfach die Worte. Auch war da eine vorher nie dagewesene Schwingung im Raum. Später schickte er uns noch per Post seine Gedanken und Empfindungen zu dieser Zusammenkunft. Darauf las ich zuerst Ihr Buch *Im Land der Stille* und lese jetzt *Licht einer großen Seele.*

Mir ist klar, dass Wollen und Wissen Ausdruck des Egos sind, dennoch ist in mir der starke Wunsch, zu erwachen und des Lichts gewahr zu werden. So freue ich mich von ganzem Herzen darauf, mit meiner Lebensgefährtin an Ihrer nächsten Zusammenkunft teilzunehmen.

27. Juni 2007

Lieber Meister M, die Begegnung mit Dir am Samstag war für mich einzigartig. Als ich Dich beim Darshan anblickte, war ich wie in einem anderen Bewusstseinszustand und konnte nur in Zeitlupengeschwindigkeit auf Dich zugehen. Dabei kam es mir auch merkwürdig vor, so als wäre es ein Traum, vor Dir zu stehen. Dabei habe ich bislang noch nicht einmal Deine Bücher gekannt oder viel über Dich gewusst. Tausend Dank, dass Du mir so viel Liebe und Trost gegeben hast! Ich war diejenige, die sehr viel weinen musste, als sie vor Dir stand. Letztendlich hast Du mich auch noch zu Dir heraufgebeten, das war göttlich für mich!

Nie zuvor habe ich in meinem Leben eine solche tiefgreifende Erfahrung machen dürfen. Ich fühlte mich zum ersten Mal von Wert und danke Dir von ganzem Herzen dafür.

3. September 2007

Wenn Du bei den Zusammenkünften die Halle betrittst, dann fließen die Tränen nur so aus meinen Augen, denn ich fühle eine Tiefe, eine Liebe, die kaum mit Worten zu beschreiben ist. Es ist, als hätte ich Dich endlich wiedergefunden, Dich, den ich schon so lange gesucht und vermisst habe. Eigentlich möchte ich nur in Deiner Nähe sein und sonst nichts. Du sagtest einmal bei einem Interview, alles fügt sich für den, der Dein Herz betritt, sowohl beruflich als auch privat. Ich bitte Dich, dass ich Dein Herz betreten und dort geduldig auf meine Bestimmung warten darf.

Ein Bild von Dir steht bei mir zu Hause auf meinem Schreibtisch, und ich sitze davor und sage manchmal: »Meister M, was mache ich denn bloß wieder für einen Unsinn!« Unmittelbar darauf strömt mir Deine Liebe entgegen. Dafür gibt es einfach keine Worte. Es kam auch schon vor, dass ich nachts das Gefühl hatte, Du seist im Raum, und dass ich das Licht andrehte, um zu sehen, ob Du irgendwo stehst, so intensiv nehme ich Deine heilige Gegenwart wahr.

Aus ganzem Herzen bitte ich Dich, mein Meister, mit Dir gehen zu dürfen. Auch wenn ich Fehler mache und Du mit mir unendlich viel Geduld brauchst, so bitte ich Dich doch, dass Du mich an Deine Hand nimmst und mich führst. Dir lege ich mein Herz zu Füßen und danke Dir für alles, was Du für mich bist und für mich tust.

5. September 2007

Tränen fließen über mein Gesicht, und ich habe das Gefühl, als ginge in meinem Herzen die Sonne auf. Deine liebevollen und klärenden Worte haben meine Seele tief berührt. Du bist das Licht in meinem Herzen. In unermesslicher Dankbarkeit verneige ich mich vor Dir, mein Meister.

29. Oktober 2007

Als ich vor drei Jahren das Buch *Im Land der Stille* las, fühlte ich mich von Dir gerufen, und als ich dann Dich zum ersten Mal sah, war ich tief bewegt und musste weinen. Ich war endlich zu Hause angekommen! Dieses Erlebnis war für mich so überwältigend, dass ich die Bedeutung noch gar nicht richtig begreifen konnte. Seitdem besuche ich Deine Zusammenkünfte und Darshans regelmäßig. Was mich sehr bewegt hat, waren die folgenden Aussagen von Dir: »Wer Liebe ist, handelt nicht im Außen« und »Wo Licht ist, weichen die Schatten von selbst und lösen sich auf«.

Wie lange habe ich nach Lösungen gesucht! Viel habe ich probiert, an mir gearbeitet, therapiert, meditiert, und immer war es nicht genug, es hat nicht gereicht. Mir fiel ein riesiger Stein vom Herzen, als Du sagtest, dass Du keine Übungen lehrst, denn es ginge hier nicht um irgendwelche Übungen, und dass Du keine Lösungen anbietest. Ich fühlte mich wie befreit von einer sehr alten Last.

19. November 2007

Am vergangenen Wochenende war ich in Zürich zum ersten Mal an einer Zusammenkunft. Vorher hatte ich Dein Buch I*m Land der Stille* gelesen, das mich tief berührt hat. Ich war sehr gespannt auf die erste Begegnung mit Dir. Am Samstag beim Darshan hatte ich zuerst Mühe, still zu werden und so lange zu sitzen. Am Abend war ich sehr aufgewühlt und müde. Am Sonntag erfüllte mich immer mehr Frieden und Liebe. Als ich dann nach Hause kam und meinen Mann, meine drei Kinder und unsere Tiere sah, spürte ich eine große Veränderung in mir. Ich war bei diesem Anblick so voller Liebe. Heute Montag mache ich den Haushalt und ich spüre mich ganz anders. Ich bin erfüllt von sehr viel Liebe und fühle einen tiefen Frieden in mir.

Lieber Meister M, ich danke Dir für diese zwei Tage und bin glücklich, dass ich den Weg zu Dir gefunden habe.

30. November 2007

Tiefsten Dank für die Zusammenkunft in Zürich, welch ein Segen! Nun endlich sehe ich klar den Unterschied zwischen einem spirituellen Lehrer und einem Kosmischen Meister, ich habe es tief erfahren. Mich hat das beschäftigt. Alle Antworten sind durch Dich, durch Deine Anwesenheit gegeben. Ich bin so froh, durch Dich bewusst erleben zu dürfen, wie sinnvoll die Totalität wirkt.

Ich habe in unserer Sangha von der Zusammenkunft berichtet. Alle waren zutiefst berührt von der Stille, die sie dabei erfuhren. Ich danke Dir so sehr für Dein Werk und Wirken, Meister des kosmischen Lichts.

19. Dezember 2007

Wir bedanken uns für alles, was wir durch Sie erfahren durften: Ihre lichtvolle Präsenz, die uns tief berührt und als Paar in eine neue tiefe Liebe und Leichtigkeit geführt hat. Wir spüren diese Auswirkungen auch im Außen, in der Familie, bei der Arbeit und in allen anderen Begegnungen. Ich bitte Sie, uns als Familie mit Ihrem Licht zu begleiten.

Demut, Hingabe und Liebe sind nicht Zeichen von Schwäche, sondern Ausdruck großer geistiger Kraft.

Eine von Meister M selbst aufgenommene Abendstimmung

Shodo Harada Roshi und Meister M

Was wirklich ist, kann nie getrennt sein. Wohne ganz in deinem Herzen und kehre dich nicht mehr ins Außen, denn im Vergänglichen wirst du dich nie finden.

12. Januar 2008

Nach langem Zögern wende ich mich an Sie, obwohl ich weiß, wie viel Sie immer zu tun haben, aber ich kann meinen inneren Weg nicht mehr erspüren. Das große Glück für mich war, als ich Sie zum ersten Mal im November in Zürich und dann in Biel erleben durfte. Ihre Bücher habe ich vorher gelesen. Für diese Begegnung bin ich von ganzem Herzen dankbar. Vielen Dank, dass Sie eine so wunderbare göttliche Aufgabe für so viele suchende Menschen erfüllen. Für mich sind Sie ein Buddha und wenn mich jemand weiterführen kann, dann glaube ich nur noch an Sie.

6. April 2008

Ich habe Ihr Buch *Im Herzen der Welt* gelesen und bin nun gerade beim *Licht einer großen Seele.* Ich bin so tief berührt, dass ich weinen könnte. Ich kann es mit meinem Verstand gar nicht aufnehmen. Die Kraft, die von Ihrem Buch ausgeht, ist überwältigend. Ich bin aufgeregt, nervös, aber ich kann gar nicht anders, ich muss Ihnen schreiben und möchte einfach nur danken, dass ich auf Ihre Bücher gestoßen bin.

Ihre Erzählung, wie Sie niedergestochen wurden, Ihre Heilung, all das ist unfassbar. Ihre Augen auf dem Foto strahlen eine Kraft aus, eine so liebevolle, wie sie mir bisher noch nie zuteilwurde. Mein Leben war nicht einfach. Am meisten hatte ich beruflich zu kämpfen und kämpfe immer noch, aber ich arbeite an mir. Schon lange suche ich nach Erfüllung und habe diverse spirituelle Ausbildungen gemacht, doch die Worte in Ihrem Buch sind überzeugender und klärender als alles, was ich in den letzten Jahren mit dem Verstand lösen wollte. Auch wenn mich noch vieles in Ihrem Buch überfordert und verwirrt – ich kann nicht anders, ich muss Ihnen einfach schreiben, ich weiß nicht warum. Ich komme mir Ihnen gegenüber so unrein vor, aber trotzdem spüre ich diese Liebe, ich spüre sie wie noch nie zuvor. Bei keiner Meditation und auch bei keinem Seminar, das ich besucht habe, habe ich jemals so etwas erlebt.

29. Mai 2008

Zuerst möchte ich dem Licht aller Lichter danken, dass es einen Meister wie Dich nach Europa geschickt hat, der sich uns Erwachender annimmt, noch dazu im eigenen Land. Ich empfinde es als große Gnade, einem Meister wie Dir zu begegnen. Ich bin jeweils ganz ergriffen, wenn ich bei den Darshans ein paar Stunden in dieser heiligen Lichtkraft sitzen darf, und auch unendlich dankbar für alles, was Du für mich tust.

10. Juni 2008

Es erscheint mir wie eine unaussprechliche und nicht zu erfassende Gnade, Dir begegnet sein zu dürfen und an Deinen Darshans in dieser unfassbaren Stille mit Dir zu sein. Jede Begegnung mit Dir ist so einzigartig und jenseits aller Vorstellungen, dass es mich immer zutiefst berührt und oft auch erschüttert. Es fühlt sich an wie ein noch tieferes Eintreten in eine intensivere Nähe zu Dir und Deiner erlösenden Arbeit. Dafür bin ich so dankbar!

Je länger ich bei Dir bin und je tiefer ich in Deine Arbeit eintauchen darf, desto unbegreiflicher und unermesslich tiefgründiger erscheinst Du mir.

Worte können dies niemals ausdrücken und berühren und doch ist mein Dank an Dich ein Versuch, das auszusprechen, was ich in meinem Herzen empfinde.

23. Juni 2008

Ein Erdrutsch ist in mir geschehen. Mir ist, als wär ich aus einem tiefen, albtraumartigen Koma oder einer schweren Krankheit erwacht, meine innere Erstarrung und Lähmung beginnt sich aufzulösen. Ich bin fassungslos und kann darüber nur stammeln, aber ich fühle mich dabei gut.

Ich komme mir vor wie ein Teenager, der seine erste Liebe entdeckt. Das Herz fließt mir über, Schmetterlinge im Bauch und vor allem dann, wenn ich in Deinem Büchlein *Die Welt bist Du* lese. Deine Worte berühren mich sehr tief, und ich bin erstaunt über meine Reaktionen und verstehe nicht so recht, was mit mir geschieht. Alles ist so rätselhaft, fantastisch und höchst verwirrend.

Was ist es? Ist es das Gefühl bedingungslosen Vertrauens, die Verliebtheit in jene ursprüngliche, transzendente Kraft, die ich bis jetzt nur theoretisch mental als existent erachtete und auch akzeptierte, während sie jetzt tief in mir zu erwachen beginnt, in meinen Zellen, meinem Blut und vor allem in meinem Herzen? Auch der Begriff »Vertrauen« war bisher für mich ein Fremdwort, nur graue Theorie. Was ich auch spirituell alles unternahm, mein Herz blieb stumm und unberührt.

Die anderen Lehrer, denen ich begegnet bin, sprachen vom »Weg des Herzen«, davon, dass das Herz sich öffnen müsse, von der Lotusblüte, doch ihre Worte berührten mich nicht. Aber seit dem Besuch Deiner Zusammenkunft im Juni singt und jubelt es in mir. Ich brenne, es ist einfach unfassbar!

9. September 2008

Für das wunderschöne, ergreifende Intensiv vom letzten Sonntag möchte ich mich herzlich bedanken. Ich danke für die Gnade, die mich, ohne mein Zutun, zu Ihnen geführt hat. Jahrelang habe ich nach dem gesucht, was ich bei Ihnen gefunden habe.

Es gibt eigentlich keine Worte, die das ausdrücken können, was da in einem innerlich vorgeht. Es ist sehr, sehr schön und tief. Vielen Dank, ich werde diesen Tag nie vergessen.

29. November 2008

Dein Buch *Das was Du wirklich bist* ist außerordentlich dicht. Mir ist schnell klar geworden, dass man dieses Buch nicht an einem Tag durchlesen kann. Man wird sich zwangsläufig öfter damit beschäftigen müssen. Was ich unglaublich finde, ist: Die Energie des Buchs bedient sich des Verstandes, um ihn dabei gleichzeitig auszuschalten. Ich hätte nicht gedacht, dass so etwas möglich ist, und dennoch erlebe ich genau das. Einfach wunderbar! Das Buch wirkt unmittelbar auf einer höheren Ebene. Bin gespannt, ob es auch eine Langzeitwirkung hat. Ich wünsche es mir auf jeden Fall sehr. Im Moment kann ich nur sagen, es wirkt ausgesprochen stark in mich hinein und macht mein Gehirn arbeitslos. Noch mal, einfach wunderbar!

1. Dezember 2008

Von ganzem Herzen danke ich Dir für alles, was Du für mich und für uns alle tust, für diese unermessliche Gnade, die Du uns schenkst. Für mich gibt es nichts Wichtigeres, als mich Dir, dem Licht der Lichter, nah und verbunden zu fühlen. Was sich in meinem Leben alles verändert hat, seit ich an Deinen Zusammenkünften teilnehme und mich in Deinem heiligen Feuer schmelzen lassen darf, ist kaum in Worte zu fassen.

4. Dezember 2008

Ich war gerade mitten in der Weihnachtsbäckerei, als mir der Postbote Dein neues Buch brachte. Ungeduldig konnte ich kaum abwarten, bis ich die Schutzhülle entfernt hatte, um sofort darin zu lesen. Immer wieder machte ich kleine Pausen, blätterte, las und war voller Freude über das wunderschöne Foto von Dir. Am nächsten Morgen wollte ich wenigstens ein paar Seiten weiterlesen. Ich öffnete es und fing an zu lesen. Unmittelbar strömte eine gigantische Lichtkraft auf mich zu. Es war, als hätte sich ein großes Tor geöffnet.

Alles, was Du uns in Deiner unerschütterlichen Liebe offenbarst, legte sich in mein Herz. Diese Momente können nie in Worte gefasst werden. Ich wollte nur noch dasitzen und still sein. Deine Worte berühren unmittelbar das Herz des Menschen. Manchmal lese ich einen Satz mehrmals, der Verstand bleibt einfach stehen, und ich spüre, dass es mich dort berührt, wo es kein Denken mehr gibt.

Im Dezember sind es fünf Jahre, seit ich das erste Mal an einer Zusammenkunft teilnehmen durfte. Für jeden Augenblick, jeden Atemzug und jeden Schritt, den ich mit Dir in Deinem Herzen gehen darf, bin ich unermesslich dankbar.

Du bist das Licht in meinem Herzen und in meinem Leben.

5. Dezember 2008

Mir fehlen die Worte, um Dir meinen Dank auszusprechen für das immense Geschenk, das ich am Darshan durch Dich empfangen durfte. Die Leiden sind verschwunden, ich fühle mich leicht und befreit. Eine Quelle der Freude und Dankbarkeit ist in mir, und ich bin dankbar, dass ich in meinem Körper verbleiben durfte. Das Leben hat sich mir von einer neuen Seite offenbart. Herzlichen Dank, dass Du mich während meiner schweren Krankheit so liebevoll begleitet hast. Und nun dieses unermessliche Geschenk, Du hast meinem Körper wieder Leben eingehaucht.

15. Dezember 2008

Ganz herzlich möchte ich Dir und allen Helfern danken für den großen Aufwand und die Mühe, die Ihr auf Euch nehmt, um diese

Zusammenkünfte zu organisieren. Das kann ich bei und nach den Zusammenkünften immer wieder wahrnehmen und erfahren. Was das in mir bewirkt, ist schwer in Worten auszudrücken. Bildlich gesprochen: Die Samen, die Du bei der ersten Zusammenkunft in mich gesät hast, sind aufgegangen und gedeihen. Beim Lesen Deiner Bücher und in den Gedanken an Dich öffnen sich die Knospen. Genau zur Wintersonnenwende ist Dein neues Buch erschienen.

Deine unendliche Liebe und unfassbar tiefe Radikalität haben mich tief berührt.

22. Dezember 2008

Was für ein wunderschöner Darshan das war! Jeder Darshan wird für mich immer schöner, immer intensiver. Wie sehr wünsche ich mir noch viele Zusammenkünfte mit Dir! Deine Worte scheinen aus meinem Herzen zu kommen, und da es sonst niemanden gibt, der mich versteht oder mit dem ich übereinstimme, bedeuten mir die Treffen mit Dir sehr viel. Dieses Mal hast Du besonders viele Dinge erläutert, die mir noch unklar waren. Wer soll mir all diese geistigen Dinge erklären, wenn nicht Du? Du sagst: »Wer mein Herz betritt, verdunstet.« Oder: »In der Stille bin Ich das Ende aller Missverständnisse und Täuschungen.« Das sind Deine starken Worte.

22. Dezember 2008

Dein neues Buch ist wahrlich ein »Meister-Werk«, es stößt die Tür zum Himmlischen, zum Ewigen weit auf. Vor zwanzig Jahren las ich Ramana Maharshi, und mein Verstand verstand. Jetzt lese ich Meister M, und mein Verstand wird gelöscht. Das von Dir Geschriebene sind nicht nur Worte, sondern unmittelbare Wirksamkeiten. Das ist das Wunderbare an diesem Buch, in Deinen Büchern generell. Das, was da geschrieben steht, wird Wirklichkeit.

26. Dezember 2008

Zum Ende dieses Jahres möchte ich Dir meinen tiefen Dank aussprechen. Vor drei Jahren habe ich den Weg zu Dir gefunden, an einem Punkt, wo ich aus eigener Kraft keinen Weg mehr in mir gesehen habe. Ich habe von Anfang an durch Deine Bücher erfahren, dass sich, wenn Du mich in Dein Herz aufnimmst, mein Leben total verändern würde. Du hast mich mit so viel Liebe, Kraft, Klarheit und Geduld aufgenommen. Du hast mein Leben konsequent von Grund auf verändert. Es folgten viele Tränen, Leid und Verzweiflung, aber Du hast mir auch gezeigt, wie wunderschön Gefühle der Liebe, Geborgenheit, Klarheit, Frieden und Glück wirklich sind. Ich habe mich ganz langsam und nicht ohne Widerstände von meinem alten Leben gelöst, von dem ich so lange glaubte, dass es *mein* Leben ist. Ich habe nie gelernt, Vertrauen zu haben, und es hat unendlich wehgetan, dies zu erkennen und es langsam abzubauen.

Ich danke Dir, Du hast mir immer wieder gezeigt, dass Du da bist für uns alle. Ich habe lange gebraucht, wirklich Verantwortung für mein Leben zu übernehmen, in welcher Lebensphase auch immer. Das Leiden war einfacher als die notwendige Veränderung.

Ich habe inzwischen Klarheit, Ehrlichkeit und Liebe in mein Leben gebracht. Bitte vollende, was Du so kraftvoll und liebevoll begonnen hast. Deine Liebe, Deine Kraft, Deine Präsenz zu fühlen, zu spüren und zu leben, ist ein Wunder, das ich mit Dankbarkeit und Liebe geschehen lasse.

Lebendigkeit pulsiert in allen Lebensformen. Lege dein Herz in diese himmlische Kraft und lasse dich von ihr leiten, denn sie nimmt dich mit in deine ursprüngliche heilige Heimat.

1. Januar 2009

Das waren schöne Stunden und ein echtes Weihnachtsfest in Winterthur! Ich kann Euch gar nicht sagen, was in mir vorgegangen ist bei all der Liebe und Fürsorge, die ich überall spürte. Ich danke Euch allen von der Organisation von ganzem Herzen, denn Ihr habt auch so viel dazu beigetragen, dass ich mich so sicher und geborgen fühlen durfte. Die innigen Momente mit Meister M sind nicht in Worten zu erklären und auch nicht, was ich da durchgemacht, erlebt und in mir wahrgenommen habe.

So vieles ist von mir abgefallen, als wäre ich von einer großen Last befreit. Ich bin einfach glücklich.

4. Mai 2009

Mir ist klar, dass es keinen Unterschied zwischen Jesus Christus und Meister M gibt. Die Kraft und Gnade sind dieselbe, nur dass ich sie durch Meister M viel stärker und intensiver erleben kann und darf, da Er jetzt und hier mitten unter uns lebt.

18. Mai 2009

Ich möchte Dir von ganzen Herzen meinen unermesslichen Dank überbringen. Es ist die reine Gnade, Dir begegnen zu dürfen. Ich bin so unendlich dankbar, ich kann es nicht in Worte fassen. Ich spüre, dass etwas Gigantisches darauf wartet, entdeckt zu werden, für das es einfach keine Worte gibt. Tränen der Glückseligkeit laufen über mein Gesicht und lassen mich die alles durchdringende und alles durchflutende Liebe spüren, die Du bist. Wenn ich in Deine Augen schaue, blicke ich in das gesamte Universum. Du berührst mich tief in meinem Herzen, ich schenke es Dir mit all meiner Liebe. Mögest Du es befreien, damit die Fesseln des Todes für immer in mir verdunsten. Ich habe Angst vor dem, was vielleicht kommen mag, aber ich weiß, Du bist immer hier, bei mir. Es ist ein wunderbares Geschenk.

13. August 2009

Ich bin zurzeit bei Sai Baba in Puttaparthi in Indien und gerade im Internetshop. Wir haben hier in der Bibliothek die Bücher von Meister M entdeckt, und meine Freundin und ich sind sehr daran interessiert, ihn persönlich zu erleben. Ich würde gerne mehr über seine Zusammenkunft im Dezember erfahren.

14. August 2009

Ich möchte Dir aus tiefstem Herzen für das Wundervolle, das Unbeschreibliche, das Du für uns tust, danken. Es gibt keine Worte, um das, was Deine Gnade und Deine Liebe bewirken, zu beschreiben. Es ist und bleibt ein strahlendes, liebevolles Geheimnis, das ich in meinem Herzen trage. Die Welt beginnt zu singen. So vieles hat sich tief in mir verändert, seit Deine unsichtbare Hand mich in Deine Nähe mitgenommen hat. So vieles ist ganz leise abgefallen und oft gerade dann, wenn die Verzweiflung groß war. Ich bin mir bewusst, dass ich von Dir unendlich große Hilfe erhalte, in jedem Atemzug. Ich bin dankbar, dass das Vertrauen in die göttliche Gnade in mir wächst. Ich danke Dir für die Kraft der Klärung und für Deine Versöhnung schenkende Liebeskraft. Ich danke Dir für alles, was Du tief in unserem Inneren für uns alle tust. Die Zusammenkünfte in diesem Frühling waren wieder so unbeschreiblich wundervoll, der ausgetrocknete Schwamm in meinem Inneren hat durstig von Deiner Liebe getrunken. Alles wird so einfach, klar, leicht, weit, liebevoll, unkompliziert und heiter, wenn wir in Deinem Liebesfeuer leben dürfen. Mein Respekt und meine Liebe für Dich und das Leben werden immer weiter und tiefer.

28. Oktober 2009

Ich möchte mich von ganzem Herzen bedanken für die Segnung und Heilung und für Deine kraftvollen gesprochenen Worte. Besonders danke ich für Dein wunderbares, liebevolles, bezauberndes, herzdurchflutendes, strahlendes Lachen. Ich spürte dieses Lachen als reine Freude und Befreiung.

6. November 2009

Vor zwei Wochen war ich mit meinem Mann zum ersten Mal an einer Zusammenkunft, und zwar in Bülach. Ich habe gestaunt über die Atmosphäre in der großen Halle mit so vielen Menschen, über den Respekt Ihnen gegenüber und wie auf die Minute genau immer pünktlich begonnen werden konnte.

Als ich bei Ihnen vorne stand und Sie in und durch meine Augen schauten, dachte ich, so tiefgründig hat mich noch nie jemand angeschaut. Ich war und bin auch jetzt noch »tief berührt«. Erschrocken bin ich auch darüber, was in mir hochkam. Eine solche Sehnsucht, wie ein tiefer Hilfeschrei: »Hab mich einfach gerne.« Ich nahm diesen unerwarteten inneren Hilfeschrei zur Kenntnis und dachte, dass es in meinem Innersten noch einiges zu heilen gibt. Was mich besonders freut, ist, dass ich mich jetzt mit Ihnen verbunden weiß. Ich brauche nur an Sie zu denken, und schon bin ich mit Ihnen verbunden. Wenn mich etwas beschäftigt oder ich eine Frage habe, dann rede ich mit Ihnen und fühle mich durch Ihre Liebeskraft getragen.

12. November 2009

Das Wochenende im Oktober in Bülach war so kraftvoll und so voller Licht. Ich danke Dir, Meister M, für dieses wundervolle Wochenende. Dein göttliches Licht zu erhalten, Dich zu sehen und zu spüren, ist für mich die Erfüllung. Es klingt vielleicht ein wenig theatralisch, aber es ist wirklich so. Mit jedem Mal, da ich dabei sein darf, durchdringt mich das heilige Licht immer stärker und tiefer, und ich merke, wie ich mich innerlich verändere. Alles, was für mich früher so besonders wichtig schien, interessiert mich immer weniger. Es ist, als kenne ich Dich schon sehr lange, es fühlt sich an wie »nach Hause« zu kommen.

17. November 2009

Ich möchte mich zutiefst für die Begegnung mit Ihnen in Bülach bedanken. Was für ein Geschenk, was für eine tiefe Berührung ich erfahren durfte! So viel Heilung geschah und geschieht noch. Etwas in mir hat Sie schon so lange gesucht und kaum noch zu hoffen gewagt, dass es Sie wirklich gibt. Es fühlt sich wie Heimkommen an. Da ist so viel Vertrautheit und Liebe und vor allem absolutes Vertrauen.

Ich verbeuge mich in Demut vor all dem und in Dankbarkeit für all das, was Sie auf sich nehmen, um anderen den Weg in die Freiheit zu öffnen.

8. Dezember 2009

Tausendfach dankbar bin ich für die Gnade, die es mir ermöglicht hat, Dich, meinen Meister, zu finden. Wie unglaublich, dass es wahr ist, dass ich Deine Worte der Liebe als befreiende, glückselige Ströme und Kräfte in mir erfahren darf. In Dein neues Buch mit Deinen liebevollen, starken Worten einzutauchen, empfinde ich als ein Geschenk der

Schönheit und Zartheit. Sie zu lesen und zu erfahren, lässt meine innersten Gefühle überfließen und erweckt in mir eine unbeschreibliche Ahnung von der Erlösung aus dem begrenzten Menschsein.

15. Dezember 2009

Ich danke vielmals für das, was ich in Winterthur beim Darshan erfahren durfte. Als ich nach dem Segen an meinen Platz zurückkehrte, knackte es in meinem Körper bei jedem Schritt fürchterlich laut. Ich habe gemerkt, dass es genau an jener Stelle, hinten beim Kreuzbein, geknackt hat, wo ich seit fast einem Jahr eine schmerzende Spannung hatte, die ich nicht wegbringen konnte. Später, als ich nach dem Darshan wieder aufstand, war diese Spannung weg, und mein Körper pendelte sich in den kommenden Tagen wie neu ein. Dafür bin ich sehr dankbar.

16. Dezember 2009

Ich möchte Dir sagen, dass ich unendlich dankbar bin, dass Du mein Meister bist. Es gibt keine Worte, um auszudrücken, wie wunderschön mein neu geschenktes Leben geworden ist durch die Begegnung mit Dir und den vielen Menschen an den Zusammenkünften. Das Licht, das durch Dich strahlt, ist in jeden verborgenen Winkel meines Seins eingedrungen. Ich bin jetzt meistens einfach glücklich, und meine täglichen Aktivitäten fließen in einer Leichtigkeit und Kraft, die ich nie für möglich gehalten hätte. Es ist die Kraft der Liebe, die mich staunen lässt, und was durch sie alles möglich ist. Ich habe so viele lichtvolle Augenblicke, die mit Dir als meinem Meister und Beschützer verbunden sind, und spüre, dass ich pure Glückseligkeit bin. Ich bin so froh, dass Du bei uns bist. Es ist eine unendliche Kostbarkeit, dass wir bei Dir sein dürfen und mit Dir den inneren Weg wieder erkennen können. Auf allen meinen familiären Ebenen sind Ruhe, Frieden oder Losgelöstsein eingekehrt, ich danke Dir von ganzem Herzen. Alles kommt durch Dich. Es ist ein wunderbares lichtvolles Königreich in mir entstanden, für das ich die volle Verantwortung übernehme und mit jedem Tag die Kraft, die es dafür braucht, vom Göttlichen erhalte. Du bist für mich das Höchste, geliebter Meister M. In meinem Leben hat sich alles gelichtet, es ist einfach unglaublich.

16. Dezember 2009

Es ist ein Jahr seit meinem ersten Darshan mit Dir vergangen, genau am Geburtstag meines kleinen Sohnes. Früher war es undenkbar, dass ich ihn an diesem Tag allein lassen könnte, aber es war ein tiefer, inniger Ruf, dem ich folgen musste. Und was hat sich in diesem Jahr nicht alles verändert, unglaublich! Ganze Mauern und Barrikaden wurden in mir gelöst oder gelockert, und zwar in einer milden, sanften, doch sehr tiefgreifenden Art und Weise. Unbewusste Konflikte, Ängste, Tränen von darunterliegenden Spannungen wurden in Deiner Liebeskraft offengelegt. Keine angenehme Angelegenheit, aber durch Deine innige, liebevolle Kraft erträglich. Alles für mich schlichtweg unfassbar.

Staunend erlebe ich das alles und stottere ganz schön herum, wenn ich einen Dank an Dich in Worte fassen soll.

17. Dezember 2009

Welch schöne Zusammenkunft! »Selig sind die Armen im Geiste«, dieser Satz kommt mir seit gestern immer wieder in den Sinn. Meister M sagt: »Ich lehre nichts und füge keine Schichten hinzu, ich entferne Liebloses und Unwahres.« Das ist so wahr!

Die Stille, die er ist, ist wie eine leere Seite, auf die sich das Leben schreibt, ohne jedoch Spuren zu hinterlassen. Danke für die Zeichen, danke für Ihre Worte, Meister M. Ja, ich lege mein Herz in Ihre Hände.

Als ich vor einem Jahr in einer kleinen Bibliothek »zufällig« auf Ihr Buch gestoßen bin, hatte ich gleich den starken Eindruck, eine wirkliche Begegnung mit Ihnen zu erleben. Das war nicht nur die faszinierende Geschichte einer außerordentlichen Erfahrung des Erwachens, sondern eine richtige Begegnung mit Ihnen und durch Sie, eine Begegnung mit dem reinen Bewusstsein. Es war überwältigend. Da habe ich wirklich in meinem tiefsten Innern das unendliche Wohlwollen des Lebens verspürt. Das Leben trägt eine so unfassbare Sorge zu allem, was lebt, mit einer Intelligenz und Schönheit, die den menschlichen Verstand übersteigt.

Meister M wiederholt oft, dass er keine Schüler hat, dennoch spüre ich, dass jede an seinen Zusammenkünften anwesende Person in einer inneren Beziehung steht mit dem Licht, das er ist und ausstrahlt. Beim ersten Darshan bin ich durchstrahlt worden, durchglüht von einer lichtvollen Kraft, die nicht von dieser Welt ist. Für mich ist er mein Meister im absolutesten Sinn. Noch nie hat mein Herz eine solche Hingabe erlebt. Gleichzeitig ist es wie eine Liebe, die sich mit einer unermesslichen Freude selbst erkennt. Es ist schwierig, dies alles in Worten auszudrücken, denn die Worte scheinen nur allzu rasch sehr klein und unangemessen zu sein.

Ich empfinde eine tiefe Dankbarkeit für alles, was ich durch Ihn erleben darf.

18. Dezember 2009

Wie unglaublich schnell Deine Worte Früchte bringen! In diesem Fall jene Worte, die am Sonntag in Bülach besonders an die Frauen gerichtet waren. Mir schien, dass nach den kraftvollen Worten «Ihr seid wahre Perlen» die ganze Halle sozusagen einen positiven Schock erlitt. Mir jedenfalls ging die Kraft Deiner Worte durch und durch, ich möchte fast sagen, durch jede Zelle, so fühlte es sich an. Mein früherer spiritueller Lehrer hat ähnliche Worte benutzt, aber meine Güte, welch unermesslicher Unterschied in der Wirkung! Als ich danach in der Pause in der langen weiblichen WC-Schlange stand und mich umblickte, konnte ich die Schönheit wirklich sehen. In all diesen vielen unterschiedlichen Frauen und in mir waren Frieden, Stille, ein unfassbares Leuchten und eine tiefe Freude.

19. Dezember 2009

Eine Begegnung! Ich hatte draußen Türdienst, während die Mitglieder eines der inneren Kreise in der Halle saßen. Da kam eine junge Frau auf mich zu und fragte mich nach den Terminen für die nächsten Zusammenkünfte. Ich gab ihr die Webadresse von Meister M und sagte, dass sie alle Informationen auf seiner Website finden würde.

Dann erzählte sie mir, dass sie gegenüber von den Eulachhallen wohne und dass immer, wenn Meister M in Winterthur sei, sie die Kraft, die von ihm ausstrahle, so unglaublich stark bis in ihre Wohnung spüre. Die Lichtkraft sei an diesen Wochenenden so erhebend und hell, nun wolle sie auch an der nächsten Zusammenkunft teilnehmen.

21. Dezember 2009

Ich zerfließe in Deinen heilenden, erweckenden Worten, Meister M. Danke für Deine Liebe, danke, dass Du hier bist, danke, dass ich dabei sein darf.

»Betrachte alles, was du hörst, denkst, siehst und sprichst als Mich, und Ich werde immer bei dir sein.« Das sind Worte von Sri Krishna.

So auch Deine heiligen Worte, geliebter Meister M, Du auf Erden wandelnder Gott. Ich bin wahrlich in besten Händen und im besten Herzen. Danke, dass Du für uns alle da bist.

Liebe die Welt wie dich selbst, doch sei gewahr:
Die Welt und dein Körper sind nie Das, was du
wirklich bist. Liebe nicht etwas, sei Liebe! Sie ist deine
himmlische Natur. Über wahre Liebe braucht man
nicht nachzudenken.

Hätte nie gedacht, dass ich später eine ähnliche Aufgabe, wie die des Mannes, auf dessen Schoß ich hier sitze, übernehmen werde.

Meister M – Mario Mantese, 4-jährig

Kontaktadressen und Informationen für Zusammenkünfte und Darshans mit Meister M

Deutschland
Herbert und Eva Werner
E-Mail: organisation.mantese@gmx.de

Deutschsprachige Schweiz
Renate Schmidlin
E-Mail: organisation.mantese@gmx.ch

Französischsprachige Schweiz
Franco della Corte und Yolande Favre
E-Mail: organisation.mantese@bluewin.ch

Für weitere Informationen besuchen Sie bitte
die Homepage von Meister M
www.mariomantese.com

Meister M trifft niemanden privat und ist auch telefonisch nicht erreichbar. Er empfängt die Menschen ausschließlich an angekündigten Darshans und Zusammenkünften.

Ein Weg aus den Sorgen

Geschenke für die Seele
Gebunden, 179 Seiten,
€ 19.–

Flugstunden für Engel

Lyrisch-satirische Farbtupfer,
mit Illustrationen von
Hansjörg Weyermann
Gebunden. 93 Seiten, € 14.–

Der Taoist

Der geheime Weg
Gebunden. 211 Seiten,
€ 19.–

Weitere Bücher von Mario Mantese bei Edition Spuren

Im Herzen der Welt

Autobiografie von
Meister M
Neuausgabe mit zahlreichen Farbbildern
Gebunden,
316 Seiten, € 23.–

Im Land der Stille

Gebunden,
253 Seiten,
€ 19.–